Dutch

An Essential Grammar

9th edition

Dutch: An ⋯ important aspects of ⋯

This new e⋯ ⋯scription of the Dutch ⋯ ⋯rations and lively exam⋯ ⋯s has been introduced ⋯ ⋯d for easier access to th⋯ ⋯bsite will be made avai⋯ ⋯ation about learning re⋯

This well-e⋯ ⋯r all learners and users ⋯ ⋯independent study or f⋯ ⋯lt classes.

Features i⋯

- "Let's ⋯ ⋯rcises
- A com⋯ ⋯ling Dutch on the ⋯ ⋯3076
- A gen⋯ ⋯containing all Du⋯
- Full ⋯ ⋯usage

William ⋯ ⋯ity, U.S.A. He was the ⋯ ⋯al title of this book, ar⋯ ⋯ of *Dutch: An Essentia*⋯ ⋯uthor of *The Netherlc*⋯

Esther F⋯ ⋯ram at Indiana Univers⋯ ⋯basic language method books, *Help: Kunt U mij even helpen*? (2001), books 1 and 2.

Routledge Essential Grammars

Essential Grammars are available for the following languages:

Arabic
Chinese
Danish
Dutch
English
Finnish
German
Hindi
Modern Greek
Modern Hebrew
Hungarian
Norwegian
Polish
Portuguese
Spanish
Swedish
Thai
Urdu

Other titles of interest published by Routledge:

Colloquial Dutch (new edition forthcoming)
By Bruce Donaldson

Colloquial Dutch 2
By Bruce Donaldson and Gerda Bodegom

Routledge Intensive Dutch Course
By Gerdi Quist, Christine Sas, Dennis Strik

Dutch: A Comprehensive Grammar
By Bruce Donaldson

Dutch

An Essential Grammar

9th edition

 **William Z. Shetter and Esther Ham**

Routledge
Taylor & Francis Group

NEW YORK AND LONDON

Seventh edition first published 1994
by Routledge

Eighth edition first published 2002
by Routledge

Ninth edition first published 2007
by Routledge
270 Madison Ave, New York, NY 10016

Simultaneously published in the UK
by Routledge
2 Park Square, Milton Park, Abingdon, Oxon OX14 4RN

Routledge is an imprint of the Taylor & Francis Group, an informa business

© 2007 William Z. Shetter and Esther Ham

Typeset in Sabon and Gill by
Florence Production Ltd, Stoodleigh, Devon

Printed and bound in Great Britain by
Antony Rowe Ltd, Chippenham, Wiltshire

British Library Cataloguing in Publication Data
A catalogue record for this book is available from the British Library

Library of Congress Cataloging in Publication Data
Shetter, William Z.
  Dutch: an essential grammar/William Z. Shetter and Esther Ham.
  —9th ed.
    p. cm.
  Includes index.
  1. Dutch language—Grammar. 2. Dutch language—Textbooks for
  foreign speakers—English. I. Ham, Esther. II. Title.
  PF112.S5 2007-03-07 439.31′82421—dc22
  2006033958

ISBN10: 0–415–42307–4 (pbk)
ISBN10: 0–203–93571–3 (ebk)

ISBN13: 978–0–415–42307–6 (pbk)
ISBN13: 978–0–203–93571–2 (ebk)

Contents

Chapter 27 Further learning   220

Preface

Continued demand for *Dutch: An Essential Grammar* has necessitated a new revised edition that not only provides some updating but addresses some features of the previous eighth edition that seemed to need revision and updating. In this ninth edition, the reader will find these changes:

- The reading passages that in the previous edition were called **"Practice texts"** are no longer part of the grammar. Today's world offers a growing abundance of accessible written and spoken material through a widening variety of channels (see Chapter 27). This leads us to feel that a work striving to limit itself to presenting the "essential" first few steps in learning the language no longer needs to be in the business of providing reading material as well. An exception is the **"Three stories"** held over from the eighth edition.
- The traditional exercise material has been reduced to two or three sample exercises in each chapter, now found under the heading **"Let's try it,"** that appear following the presentation of certain important points.
- A chapter devoted entirely to **prepositions** has been added.
- The vocabularies that appeared toward the end of each chapter have now been dropped. The reader will find all Dutch words used throughout the grammar in the general vocabulary at the end.
- In addition to a detailed **Contents**, this edition now includes an **Index**.

For recommendation of audio aids to both classroom and individual instruction, the reader is urged to consult Chapter 27, in which we discuss a wide variety of different ways to supplement this *Essential Grammar*. A regularly updated listing of electronic learning resources available on the Internet appears on the Routledge website at www.routledge.com/9780415423076. A note of caution is appropriate here: the world of publication and electronic availability changes so rapidly that what we offer here cannot be more than a few suggestions of places in which to look.

This grammar first appeared nearly fifty years ago in the Netherlands under the title *Introduction to Dutch*. At that time, to quote the words of the eighth edition, "there was little or no formal instruction in Dutch to be found in the U.S. There was need for a book that would provide clear, logical explanations for the many who wanted or needed to learn the language but could find no alternative to learning the basics by themselves. Today Dutch is taught throughout the world, including thirty or more college-level institutions in the U.S., and there is a variety of intensive courses in the Netherlands and Belgium. There are grammars, dictionaries, taped and audiovisual courses in abundance. *Dutch: An Essential Grammar* hopes to retain its membership in this realm of classroom instruction while never abandoning its usefulness to those still working alone. This is why it continues to be as compact and self-explanatory as possible."

Our task of presenting only what is "essential" has been made considerably easier by the presence of the Routledge publication that can best serve as a sequel: Bruce Donaldson's *Dutch: A Comprehensive Grammar* (1997; 2nd edition, 2007). The reader is urged to turn to that grammar for more detailed treatment and for the next few steps in the language. Chapter 27 includes a description of Donaldson's book as well as other grammatical works.

For challenging both of us to keep trying to find better ways of presenting Dutch grammar, we are grateful to many generations of students to whom it has been our privilege to present the language and culture of the Netherlands and Flanders.

William Z. Shetter
Esther Ham
Department of Germanic Studies
Indiana University
Bloomington, IN 47405

Acknowledgments

The stories in Chapter 26 appear by kind permission of Uitgeverij De Bezige Bij, Amsterdam.

Na afloop © CAMU 1997, Remco Campert and Jan Mulder, © De Bezige Bij 1998

Frites © CAMU 1998, Remco Campert and Jan Mulder, © De Bezige Bij 1999

Slenterfietsen © CAMU 1999, Remco Campert and Jan Mulder, © De Bezige Bij 2000

Introduction

0.1 The Dutch language

The language known to us as Dutch is spoken as a native tongue by some 16,500,000 people in the Kingdom of the Netherlands and by 6,250,000 in Flanders, the northern half of the recently federalized Kingdom of Belgium. One occasionally sees "Dutch" and "Flemish" referred to as though they were two separate languages, but, in reality, there is one single standard language spoken by nearly 23,000,000 people. There are some differences in pronunciation, vocabulary and, occasionally, style, but they are no more important than those between the British and the American varieties of English—even less if we count the fact that there are no differences in spelling customs.

The matter of the English names by which the language is referred to has long been a source of confusion. The word "Dutch" (**Nederlands**) is used to refer to the geography, legal system and government, education, folklore and so on in the Kingdom of the Netherlands, while "Flemish" (**Vlaams**) customarily refers to an equivalent range of aspects of Flanders. The language—the same "Dutch" (**Nederlands**) in both countries—is the main exception to this. In Dutch there is an additional complexity: many people in the heavily urbanized west of the Netherlands refer to their language as **Hollands**, although this usage is resisted in the rest of the Dutch-speaking area.*

---

* Up until two centuries or so ago the cover term for the languages of the Lowlands was "Diets," but also **Duits** or **Nederduits**, which at the same time meant "German." The Dutch word **Duits** now means only "German," and corresponds to the German word **Deutsch**. The English word "Dutch," which originally did not distinguish "Dutch" from "German," has simply been restricted in a different direction.

1

The names by which the countries involved are called are, unfortunately, sources of a parallel confusion in both Dutch and English. "The Netherlands" is a plural noun even though we are referring to just one country, although the same country is more commonly called by its international name "Holland." The official Dutch name of the country is **Koninkrijk der Nederlanden,** but everyday usage prefers **Nederland.** For international convenience, the Dutch—particularly in those same western cities—refer to their country as **Holland.** Strictly speaking, however, "Holland" refers only to the two western provinces where most of the largest cities are located. The official name of Belgium is **Koninkrijk België,** the northern, semi-autonomous half of which is called "Flanders" (in Dutch **Vlaanderen**). Here there is a close parallel to the situation in the Netherlands, in that "Flanders" strictly speaking refers to only two western provinces.

A glance back through history gives us a hint as to how this complicated situation came about. "The Netherlands" is plural because several centuries ago the area we often call by the general term the "Low Countries," occupied by the two countries we have been talking about plus a section in northern France, consisted of a loose confederation of semi-independent principalities, duchies and the like. Eventually this profusion of little states coalesced into the two kingdoms we know today, but many of these long-gone political divisions continue to echo in the modern names.

As to language, this Low Countries region was divided into a Dutch-speaking area in the north and a French-speaking one to the south. The language boundary between the two ran east to west, cutting the area more or less in half. Today the linguistic boundary has hardly changed its location through the centuries and now it runs through the middle of present-day Belgium. It was this situation of two relatively evenly matched languages competing for "language rights" within one country that was one of the chief motivations for the recent federalization of Belgium into largely autonomous regions.

But centuries ago, there was no such language as "Dutch." The northern half of the area just referred to was a collection of local dialects, mostly mutually intelligible but without a standard form of speech for all. In the late Middle Ages and especially from the 1500s on, a standard form of the language began developing in the important trade cities in the west, such as Amsterdam and Antwerp. It was this single language for all that eventually evolved into standard Dutch as we know it today.

Literary works in Dutch go as far back as the twelfth century, but these early examples are strongly coloured by local dialect. The later development

of a standard language meant the creation of a vehicle in which a rich
and varied literature could develop and flourish. Dutch literature, now
reflecting the cultures of both the Netherlands and Flanders, therefore has
a long and distinguished history.

Today the standard language of education and the mass media is most
Dutch-speaking people's "native language." But alongside this, many of
the local dialects continue a modest existence. Many—particularly in the
western urban centers—have disappeared, and those that survive lead an
often precarious existence as they become increasingly irrelevant in the
modern world, although in some areas there has been a reawakened pride
in the local area and its traditional form of speech. There is still literature
written in dialect and on TV there is even a soap opera in one of the
eastern dialects. Recently two widespread dialects, one in the east and the
other in the southeast, were granted the status of distinct languages by
the Dutch government. The local accents of much of the rest of the country
have by no means been standardized out of existence. As everywhere in
the world, a person's speech tends to be a giveaway of local origin. The
Dutch, too, are well able to place another Dutch speaker by region of
origin and often by the town—in the large cities, even by neighborhood.

A language spoken by a complex society will have not only geographical
variation but social variation as well. From the origins of standard Dutch
five centuries ago, the language has always been characterized by an
unusually wide gap between **schrijftaal** "written language" and **spreektaal**
"spoken language," although in the present day this gap has become
considerably narrower. Some examples of the written Dutch versus spoken
styles are presented in Chapter 16. As in any other language, Dutch speakers
convey to each other messages such as "formal," "relaxed," "slangy" and
"uneducated."

Today the Dutch language is spoken by not only the nearly 23 million
people in the Netherlands and Flanders, but has taken—and is taking—
its modest place around the world. A form of Dutch carried to the southern
tip of Africa in the 1600s has since evolved into **Afrikaans**, one of the
official languages of the Republic of South Africa, and the Dutch language
used to be known as far away as Indonesia and Japan. It is still one of
the official languages of former Dutch possessions: Surinam, on the north
coast of South America, and Aruba and the Netherlands Antilles, still a
part of the Kingdom of the Netherlands.

Since 1980, an organization called the "Dutch Language Union" (**Nederlandse Taalunie**), on behalf of its member states the Netherlands, Belgium

3

THE NETHERLANDS
AND
FLANDERS

1 Groningen
2 Friesland
3 Drente
4 Overijssel
5 Gelderland
6 Utrecht
7 Noord-Holland
8 Zuid-Holland
9 Zeeland
10 Noord-Brabant
11 Limburg
12 Flevoland

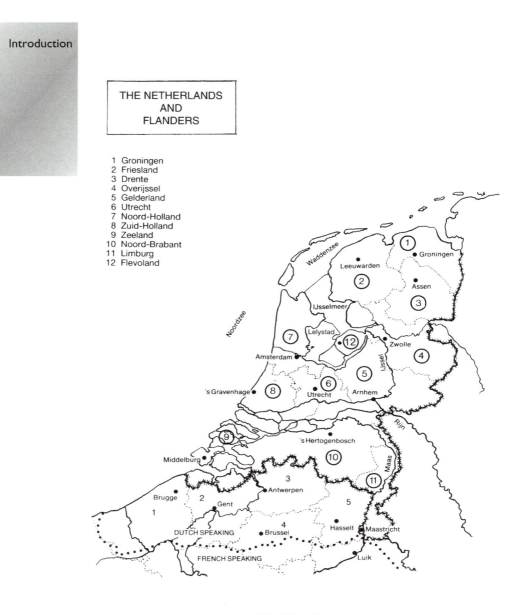

1 West-Vlaanderen
2 Oost-Vlaanderen
3 Antwerpen
4 Brabant
5 Limburg

and Surinam, has taken responsibility for all aspects of the further-
ance of the Dutch language including literature and education, most
conspicuously helping to subsidize the teaching of Dutch around the world.
The Dutch language is widely taught today in many countries. These few
thousand people are learning to read and appreciate Dutch literature in
the original, although literary works in translation are reaching a far wider
audience, meaning that the literature is, in fact, enjoying something of a
renaissance everywhere.

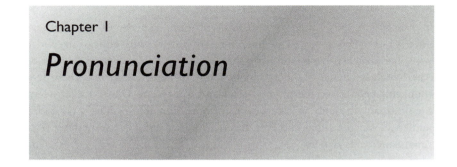

Chapter 1

Pronunciation

This introductory chapter will assume that the reader will either be working in class under the guidance of an instructor who can illustrate the sounds of the spoken language, or has access to some of the many tapes, CDs, broadcasts and other audio means that are readily available. These are discussed in detail in Chapter 27.

In the presentation of sounds that follows, every Dutch sound discussed will be transcribed in the symbols of the International Phonetic Alphabet. We will follow the usual custom of always enclosing IPA symbols in square brackets.

1.1 Vowels

1.1.1 *Front, rounded, front-rounded vowels*

Front vowels are those pronounced with the tongue more or less raised in the front of the mouth such as "eat," "it," "date," "end." IPA symbols for front vowels are [i], [ɪ], [e] and [ɛ].

Back vowels are those pronounced with the tongue raised in the back of the mouth, such as "food," "foot," "code." IPA symbols for back vowels are [u], [ʊ] and [o].

Front-rounded vowels occur in Dutch but not in English. They involve the raising of the tongue in front of the mouth while keeping the lips rounded or puckered at the same time. Front-rounded vowels occur in French (**vu, deux**) and German (**müde, dünn, Söhne, können**). IPA symbols for front-rounded vowels are [y], [ʏ], [ø] and [œ].

1.1.2 | *High and low vowels*

"High" means that in the sound in question the tongue is raised close to the roof of the mouth. "Low" means that the tongue is further away, i.e. more "relaxed." So we say that the vowel of "eat" is high, "end" a mid-vowel and "add" a low vowel. The equivalent IPA symbols would be [i], [ɛ] and [æ].

1.1.3 | *The vowels*

Vowel in Dutch spelling	Example		IPA	Remarks
ie	**ziek**	sick	[i]	Like English "seek" but rather short in Dutch.
	hier	here	[iː]	Same quality as the previous example, but about twice as long before **r**.
i	**dit**	this	[ɪ]	
ee	**steen**	stone	[eː]	Has a tendency toward a diphthong, less strongly so than English "main" but more than German *zehn*. This is especially true in the western cities in the Netherlands.
e	**met**	with	[ɛ]	
oe	**boek**	book	[u]	Pronounced shorter than English "boot."
	boer	farmer	[uː]	Like Dutch **ie**, roughly twice as long before **r**.
oo	**boon**	bean	[oː]	As Dutch **ee**, tends to a diphthong, less so than English "bone" but more than German *Bohne*.
o	**pot**	pot	[ɔ]	

aa	kaas	cheese	[a:]	
a	dat	that	[ɑ]	You will hear that this vowel is pronounced much further back than the preceding one.
uu	minuut	minute	[y]	Resembles French *minute*.
	buur	neighbor	[y:]	As Dutch **ie** and **oe**, this vowel sounds more or less twice as long before **r**.
u	nul	zero	[ʏ]	Similar to German *müssen*.
eu	neus	nose	[ø:]	Like French *deux*, German *Söhne*.

Summary

Dutch vowels are all distinct from one another by virtue of their differences in what we might call "vowel color," usually termed their quality. It is also useful to note that they differ in quantity, meaning their duration: some are always short, others always long, and still others short or long depending on the surrounding sounds.

a e i o u	always short [ɑ ɛ ɪ ɔ ʏ]
aa ee oo eu	always long [a: e: o: ø:]
ie oe uu	long, but only before **r** [i:r u:r y:r] (rather) short everywhere else [i u y]; this includes when they end a syllable or word, such as **zie**, **hoe**, **nu**

A neutral vowel, which is comparable to the last syllable of English "soda" or "sofa" occurs in unstressed (unaccented) syllables in many words. In Dutch, the neutral vowel sounds like the short **u** [ʏ]. It has several spellings, the most common of which are:

e	b<u>e</u>halv<u>e</u>	except	(the most usual spelling)
ij	mogeli<u>j</u>k	possible	
i	twint<u>i</u>g	twenty	

1.2   Diphthongs

A "diphthong" can be defined as the succession of two different vowels in a single syllable. Examples in English are "how," "boy," "time." Notice that in the third example the spelling does not suggest the diphthong that is there, the sound that we misleadingly call "long i." The IPA symbols for these three diphthongs would be [aʊ], [ɔi] and [ai].

Spelling	Example		IPA	Remarks
ei	**trein**	train	[ɛi]	([e] + [i]). Note that **ei** and **ij** are two spellings for the same sound.
	dijk	dike		
ou	**koud**	cold	[ɔu]	([ɔ] + [u])
au	**blauw**	blue		
ui	**huis**	house	[œy]	([œ] + [y]). This is a front-rounded diphthong.
oei	**moeite**	trouble	[ui]	([u] + [i])
ooi	**mooi**	nice	[oːi]	([oː] + [i]). The first component of this diphthong is long.
aai	**haai**	shark	[aːi]	([aː] + [i]). Note the difference between this and the first diphthong above; first component long.
ieu	**nieuw**	new	[iy]	([i] + [y])
eeu	**leeuw**	lion	[eːy]	([eː] + [y]). First component long.

Consonants

Consonants are either voiced (vocal cords vibrating) or voiceless (vocal cords not used).

Consonant in Dutch spelling	Example		IPA	Remarks
p	**paal**	post	[p]	The first three conson-ants are voiceless stops, and in Dutch they are unaspirated, meaning they are not followed by the little puff of breath that we hear in English "peel," "team," "cool."
t	**tien**	ten	[t]	
k	**kat**	cat	[k]	
b	**been**	bone	[b]	
	heb	(I) have	[p]	The two voiced stops are always pronounced voiceless at the end of a word, in other words identical to the voiceless stops.
d	**deze**	these	[d]	
	had	had	[t]	Voiceless at the end of a word.
f	**feit**	fact	[f]	
s	**saai**	dull	[s]	
sj	**sjaal**	scarf	[ʃ]	At the beginning of a word, the sound resulting from the juxtaposition of **s** and **j** occurs in borrowings from other languages; it occurs in the middle of Dutch words.
	meisje	girl		

ch	**machine** machine	[ʃ]	The sound in this spelling occurs only in words borrowed from French.
tj	**katje** kitten	[tʃ]	Resulting from **t** and **j** standing next to each other; roughly similar to English "ch."
ch	**acht** eight	[x]	
g	**geel** yellow	[x], [ɣ]	In parts of the east and south of the Netherlands, as well as in Flanders, a voiced sound is often heard. It is pronounced [ɣ] only in loanwords.
	logies lodging	[ʒ]	This pronunciation (the sound of the "s" in English "measure") is heard in words borrowed from French.
sch	**schip** ship	[sx]	Note that this spelling represents a succession of two distinct sounds.
	praktisch practical	[s]	At the end of a word and in suffixes, the **ch** is not heard.
v	**veel** much	[v]	This is pronounced fully voiced (like English "veil") in the south and in Flanders, but in much of the rest of the Netherlands it is not distinguished from **f**.
z	**zout** salt	[z]	
l	**laat** late	[l]	

r	**room** cream	[ʀ] [r]	The pronunciation most often heard in the north, especially in the cities, is the "guttural" one, phonetically called "uvular." But in much of the country and throughout Flanders, the tongue tip trill (the "Spanish **r**") is heard.
m	**maan** moon	[m]	
n	**niet** not	[n]	
ng	**tong** tongue **zingen** to sing	[ŋ]	As "ng" in English "singer," never as in "finger."
j	**ja** yes	[j]	
w	**wat** what	[ʋ] [w]	In the Netherlands, a slight contact of lower lip and upper teeth, lighter than English "v"; in Flanders, normally pronounced similar to – but not exactly the same as – English "w."

1.3.1 | Summary

1 **b** and **d** are pronounced as **p** and **t** at the end of a word, i.e. they become voiceless. The voiced sounds **v** and **z** likewise do not occur at the ends of words, but here—as we'll see in the next chapter—the spelling does indicate this.

2 **ch, sch, g** and **r** require special attention, since the pronunciations they represent are not the ones suggested to speakers of English by their spellings.

1.4 Assimilation

Two or more consecutive consonants (except **l**, **m**, **n** and **r**) must be pronounced either all voiced or all voiceless. This is true whether the consonants occur within one word or at the end of one word and the beginning of the next.

1   When a spirant (a "continuant") **f**, **s**, **ch**, **g**, **v** or **z** is combined with one of the stop consonants **b**, **d** (voiced) and **p**, **t** or **k** (voiceless), the stop consonant controls the voicing or voicelessness of the entire group:

Spelled		*Pronounced as if written*
hoofden	heads	[hoovden]
ijsbeer	polar bear	[ijzbeer]
opvouwen	to fold up	[opfouwen]

Remember that spelling notwithstanding, a **b** or **d** at the end of a word is voiceless:

ik heb veel	I have many . . .	[ik hep feel]
zij had zeker	she had certainly . . .	[zij hat seker]

2   When two stop consonants are combined in a group, if either one is voiced they are both voiced:

uitbreiden	to extend	[uidbreiden]
op duizenden	on thousands	[ob duizenden]

3   When two spirant consonants are combined, the group is voiceless:

afzetten	to remove	[afsetten]
het is veel	it is a lot	[het is feel]

4   Final voiceless consonants often become voiced when followed immediately by a vowel:

heb ik	have I	[heb ik] (i.e. **hep** + **ik**)
lees ik	do I read	[leez ik]

1.5 Stress

The main stress ("accent") in Dutch is generally on the first syllable of a word, as in English. Prefixes and suffixes containing the unstressed vowel **e** (**be-, er-, ge-, her-, ver-, -e, -en, -er**), as well as the prefix **ont-**, are not stressed.

In all cases where the position of the stress is ambiguous, it will be indicated by a line under the stressed syllable, e.g. **stadhuis, toevallig, Amsterdam.**

Chapter 2

Spelling

2.1   Spelling rules: closed and open syllables

You will find that the Dutch spelling system is a very consistent one. That is, by and large, each sound is spelled in only one way, and each symbol represents only one sound. But part of its logic is the spelling of vowel sounds and here Dutch does things in a way no other language does. The spelling system is based on the distinction between what we call closed and open syllables. First we need to understand what is meant by these terms.

A word may consist of only a single syllable (**kat, ga**), but many words consist of two or more syllables (**za-ken, aan-ko-men**), each one of which follows this rule: we call any syllable closed when it ends in a consonant and open when it ends in a vowel:

- When two consonants stand between vowels (**mannen, armen**), the syllable division usually comes between them, so we divide **man-nen, ar-men**. The first syllable ends in a consonant and is therefore closed.
- When one consonant stands between vowels (**bomen, deuren**), the syllable division comes before the consonant, so here we divide **bo-men, deu-ren**. It must begin the second of the two syllables and the first thus ends in a vowel and is open.

The spelling rules are as follows.

The Dutch short vowels **a, e, i, o, u** are always written with one letter and can occur in closed syllables:

man	man	**pot**	pot	**bed**	bed
vul	I, he fills	**zit**	I, he sits		

When another syllable is added, for instance -**en** to form the plural, the final consonant must be doubled so that the syllable remains closed:

mannen	men	**potten**	pots
bedden	beds	**vullen**	we, they fill
zitten	we, they sit		

Note: Remember that (except in a few loanwords) you never see any doubled consonants at the end of a word.

When one of the above vowels occurs in a word of one syllable where it is already followed by more than one consonant, no change needs to be made when a syllable is added:

arm, **armen**	arm, arms	**word**, **worden**	I become, they become
kerk, **kerken**	church, churches	**kust**, **kusten**	coast, coasts
ding, **dingen**	thing, things		

2.1.1 Summary

The short vowels **a**, **e**, **i**, **o**, **u** are always followed by at least one consonant. When another syllable follows, they must be followed by two or more consonants.

The rest of the Dutch vowels, including all the diphthongs, can (but might not!) occur in an open syllable. All such vowels are spelled with two letters when they happen to stand in a closed syllable:

laan	avenue	*diphthongs*	
peer	pear	**trein**	train
boom	tree	**dijk**	dike
buur	neighbor	**ruik**	smell
fout	mistake		
dier	animal		
deur	door		
boek	book		

These vowels might stand in an open syllable (a) in a word of one syllable without a following consonant or (b) when another syllable is added. Then the vowels spelled with a double letter (the first four, above) drop one of these letters. The logic here is that the single following consonant (a) or the absence of any consonant (b) is enough to indicate that the syllable is open:

lanen	avenues	**sla**	lettuce
peren	pears	—	
bomen	trees	**zo**	so
buren	neighbors	**nu**	now

Notice the blank in the second column. An **ee** at the end of a word must always be written with two letters (for instance **zee** "sea") to distinguish it from the unaccented vowel as in English "soda" which is regularly spelled with **e** (for instance **ze** "she"). This distinction is not made inside the word, however, resulting in an occasional ambiguity such as **regeren** (**re-gee-ren**) "to govern" but **regelen** (**ree-ge-len**) "to adjust."

Note, however, that in accordance with the rule given above, the doubled letters are used whenever the syllable is closed (that is, when the vowel is followed by two or more consonants), whether or not another syllable follows:

paarden	**[paar-den]**	horses
feesten	**[fees-ten]**	parties
hoofden	**[hoof-den]**	heads
buurten	**[buur-ten]**	neighborhoods

The doubled vowels in the diphthongs **aai, ooi, eeu, oei, ieu** never change:

taai, taaie	tough
mooi, mooie	nice
leeuw, leeuwen	lion, lions
groei, groeien	I grow, they grow

The vowels spelled with two different letters remain unchanged when another syllable is added. Remember that a spelling with two different letters does not necessarily indicate a diphthong!

dieren	animals	**treinen**	trains
deuren	doors	**dijken**	dikes
boeken	books	**fouten**	mistakes
		tuinen	yards, gardens

2.1.2 │ Summary

1   The vowels **aa, ee, oo, uu** are spelled with two letters when in a closed syllable but with one letter when in an open syllable.

2   The vowels and diphthongs written with two or more different letters remain unchanged whether the syllable is closed or open.

3   All the vowels that can occur in an open syllable, with the exception of **ie, oe, uu,** before consonants other than **r,** are pronounced longer than the vowels that occur only in a closed syllable. For this reason, many texts call **aa, ee, oo, uu, ie, eu, oe**—the vowels that can occur only in open syllable—LONG vowels, and **a, e, i, o, u** SHORT vowels.

Note that when we apply rule 1 of this summary and write **aa, ee, oo, uu** with a single letter in an open syllable, only the following consonants distinguish them from the closed-syllable short vowels, for instance:

zaken	affairs	**zakken**	pockets
redden	reason	**redden**	to save
bomen	trees	**bommen**	bombs
manen	moons	**mannen**	men
spelen	they play	**spellen**	they spell
slapen	they sleep	**slappe**	flabby

2.2   The relationship between *f* and *v*, *s* and *z*

1   Many words end in an **f** or an **s**, such as **brief** "letter," **huis** "house." When we add an ending and this consonant comes to serve as the first consonant of a following syllable, it is replaced by, respectively, **v** or **z**. The consonant may be preceded by **l** or **r**:

raaf	ra-ven	ravens
geloof	gelo-ven	believe
brief	brie-ven	letters
wolf	wol-ven	wolves
werf	wer-ven	shipyards
roos	ro-zen	roses
huis	hui-zen	houses
gans	gan-zen	geese
vers	ver-zen	verses
beurs	beur-zen	scholarships

This does not happen, however, when the s is preceded by **p**, **t** or **k**:

rups	rupsen	caterpillars
fietsen	fietsen	bicycles
heks	heksen	witches

This should feel familiar, because we do the same in English in "wife, wives," "wolf, wolves" and "house, houses" (though in this last example the spelling does not show how we really pronounce it).

2   When we double an **f** or **s** on addition of another syllable, we do not change to **v** or **z**:

stof	stoffen	materials
das	dassen	neckties

3   Some exceptions to the rule given in point 1 are:

biograaf	biografen	biographers
elf	elfen	elves
kous	kousen	stockings
dans	dansen	dances

All the above words illustrating the rules for the replacement of **f** and **s** by **v** and **z** when a vowel follows have been nouns. But these are general pronunciation and spelling rules that hold for all parts of speech, especially adjectives and verbs:

lief	**lieve**
serieus	**serieuze**
grijs	**grijze, grijzer**

2.3 Pronunciation of the ending -*en*

In spoken Dutch, especially in the western part of the Netherlands, the **-n** of the common ending **-en** is normally dropped. So:

lopen to walk	is pronounced as if	**[lope]**
spreken (we, they) speak		**[spreke]**
gesproken spoken		**[gesproke]**
houten wooden		**[houte]**
brieven letters		**[brieve]**
ziekenhuis hospital		**[ziekehuis]**

These words are, however, never *written* without the **-n**. Notice that the remaining sound is the short vowel common in unstressed syllables (Chapter 1).

2.3.1 Let's try it

Add the ending **-en** to the following words:

tak	maan	reus	brief
feest	kous	zoon	pit
bloem	das	woord	

Add the ending **-e** to the following words:

leuk	vies	dik	boos
raar	serieus	mooi	arm

Making the spelling adjustments

putting an ending (most often
-e, **-en**, **-er**) onto a syllable that
contains a vowel spelled with
two letters –

an ending beginning with -e
attracts a consonant to it and a
two-letter vowel gives one up
easily, so the consonant 'turns
the corner' –

but now the second of two
identical vowels becomes
superfluous, so it is stored away
(to give back when we take the
ending off again) –

resulting in this
economical spelling.

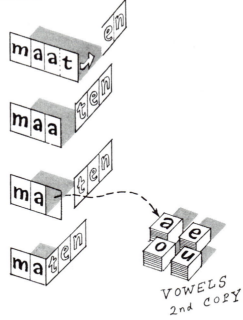

VOWELS
2nd COPY

putting an ending onto a syllable
containing a vowel spelled with
one letter –

the ending still attracts a
consonant to it, but a one-letter
vowel holds onto the consonant
–

so a second copy of that
consonant is brought in from
storage (where we put it back
when we take the ending off
again).

CONSONANT
COPY

21

when an **s** or **f** "turns the corner" (after any two-letter vowel) –

it normally turns into a **z** or **v**.

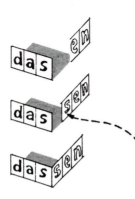

but when an **s** or **f** doesn't "turn the corner" (after any one-letter vowel), it stays the same and has the usual copy brought in.

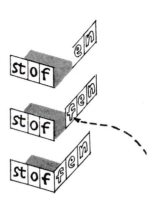

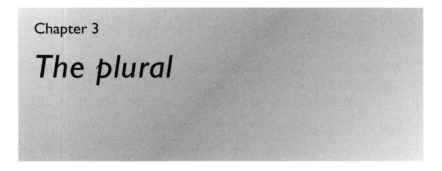

Chapter 3

The plural

The plural of nouns in Dutch is roughly divided up into three groups: plural ending -en, plural ending -s and other plurals.

3.1 The plural in -en

The regular sign of the plural is -en.

3.1.1 Note

The spelling rules given in the preceding chapter are applied.

krant	**kranten**	newspapers	(no change)
boer	**boeren**	farmers	(no change)
woord	**woorden**	words	(no change)
fles	**flessen**	bottles	(double consonant after short vowel)
boot	**boten**	boats	(single vowel in open syllable)
prijs	**prijzen**	prices	(s replaced by z)
bos	**bossen**	forests	(double consonant after short vowel)
mens	**mensen**	people	(no change)
brief	**brieven**	letters	(f replaced by v)
fotograaf	**fotografen**	photographers	(single vowel in open syllable)

3.1.2 | Irregularities

1   A small number of very frequently occurring words do have a different vowel quality in the plural. A short vowel in the singular becomes a long vowel in the plural, marked by the single consonant following it:

bad	**baden**	baths
dag	**dagen**	days
dak	**daken**	roofs
gat	**gaten**	holes
glas	**glazen**	glasses
weg	**wegen**	ways
oorlog	**oorlogen**	wars
god	**goden**	gods
bedrag	**bedragen**	amount
verdrag	**verdragen**	treaties

Within this type there are three exceptions:

stad	**steden**	cities
schip	**schepen**	ships
lid	**leden**	members

Note: The change in vowel is still from short vowel in the singular to long vowel in the plural.

2   Another small group forms the plural by adding -eren:

been	**beenderen**	bones	but: **been**	**benen**	legs
blad	**bladeren**	leaves	but: **blad**	**bladen**	trays, sheets
ei	**eieren**	eggs			
kind	**kinderen**	children			
lied	**liederen**	songs			
volk	**volkeren**	peoples			

3.2   The plural in **-s**

Another common sign of the plural is -s, used with a considerable number
of words. There are three main groups:

1   Most words ending in unstressed -el, -em, -en, -er, -aar, -erd, -e:

tafel	**tafels**	tables
bezem	**bezems**	brooms
deken	**dekens**	blankets
bakker	**bakkers**	bakers
leraar	**leraren** (**leraars**)	teachers
engerd	**engerds**	creeps
tante	**tantes**	aunts
studente	**studentes**	(female) students

2   All diminutives, marked by their ending **-je** (see Chapter 22):

huisje	**huisjes**	little houses
dubbeltje	**dubbeltjes**	10-cent coins
meisje	**meisjes**	girls

3   Many words originally of foreign origin, often ending in a vowel.
    When the vowel is **a**, **i**, **o**, **u** or **y**, an apostrophe is inserted:

firma	**firma's**	firms
paprika	**paprika's**	sweet peppers
taxi	**taxi's**	taxicabs
auto	**auto's**	cars
foto	**foto's**	pictures
paraplu	**paraplu's**	umbrellas
baby	**baby's**	babies
hobby	**hobby's**	hobbies

microfoon	microfoons	microphones
garage	garages	garage
hotel	hotels	hotels
restaurant	restaurants	restaurants
computer	computers	computers
tram	trams	streetcars
roman	romans	novels

Three of the common native Dutch words also in this category are:

oom	ooms	uncles
broer	broers	brothers
zoon	zoons	sons (**zonen** is an older form, still used for company names: **Ballegeer en Zonen**)

3.3 Other plurals

1 Words from a more or less intellectual sphere often form their plural in the Latin way with -i or -a:

catalogus	catalogi	catalogs
historicus	historici	historians
musicus	musici	musicians
museum	musea (museums)	museums

2 Most words in -or form the plural in -en and shift the stress one syllable to the right. Many of them have an alternative plural form in -s:

professor	profes<u>so</u>ren/prof<u>es</u>sors	professors
motor	mo<u>to</u>ren/<u>motors</u>	motors

3 Words in -heid form the plural in -heden:

mogelijkheid	mogelijkheden	possibilities
gelegenheid	gelegenheden	opportunities

3.3.1 | Let's try it

Put the following nouns into the plural.

broodje	krant	hobby	dag	banaan
stad	foto	professor	docente	moeilijkheid
leraar	bakker	tomaat	ei	weg
fles	zoon	druif	tafel	politicus
menu	jongen	sufferd	prijs	kind
printer	glas	les	hoofdstuk	restaurant
taxi	brood	pen	oorlog	hotel
kamer	collega	appel	film	motor

Chapter 4

Articles and demonstratives

4.1   **The definite article**

4.1.1   *Singular*

The definite article is either **het** or **de**. **De** is used as the singular definite article with roughly two-thirds of Dutch nouns, which are of "common" gender, including masculine and feminine genders:

de man	the man	**de straat**	the street
de vrouw	the woman	**de bloem**	the flower

Het is the singular definite article used with the remaining nouns. It is neuter in gender. **'t** is the unstressed form of **het**, used mainly in informal writing:

het boek	the book	**het kind**	the child
het raam	the window	**het meisje**	the girl

Few rules can be given that will help a beginner in telling whether a noun is common or neuter in gender, with one exception: all diminutives are neuter.

de jongen	the boy	**het jongetje**	the little boy
het huis	the house	**het huisje**	the little house

Note: The neuter nouns must be learned by memorizing the definite article with the noun. In the Dutch–English vocabulary all nouns are preceded by the appropriate article.

4.1.2 Plural

The definite article for all nouns in the plural is **de**:

de kat	**de katten**	the cats
de straat	**de straten**	the streets
het huis	**de huizen**	the houses
het huisje	**de huisjes**	the little houses

	Singular	Plural
Common gender	**de tuin**	**de tuinen**
Neuter	**het huis**	**de huizen**

4.1.3 Let's try it

Fill in the right article: **de** or **het**. Use a dictionary if necessary.

_____ huis	_____ krant	_____ ziekenhuis	_____ dag	_____ woordenboek
_____ fiets	_____ boek	_____ meisje	_____ pen	_____ straat
_____ stad	_____ restaurant	_____ professor	_____ boekje	_____ moeilijkheid
_____ fles	_____ muziek	_____ hoofdstuk	_____ kamer	_____ president
_____ tuin	_____ bibliotheek	_____ gebouw	_____ kat	_____ kind

4.2 The indefinite article

The indefinite article "a, an" is **een** for both genders, always unstressed and pronounced in about the same way as the "an-" in English "another." As in English, there is no plural.

	Singular	Plural
Common gender	**een tuin**	**tuinen**
Neuter	**een huis**	**huizen**

The same word stressed and spelled as **één**, means "one."

4.3 Demonstratives

Demonstratives follow the same pattern, except that they make a distinction based on whether the noun they modify is close by or far away.

	Singular		Plural	
	Close (= *this*)	*Far* (= *that*)	*Close* (= *these*)	*Far* (= *those*)
Common gender	**deze tuin**	**die school**	**deze tuinen**	**die scholen**
Neuter	**dit huis**	**dat gebouw**	**deze huizen**	**die gebouwen**

Demonstratives can be used in Dutch without a noun. The noun is implied, however, usually because the speaker is pointing to the noun or has mentioned it earlier in the context, so that it is clear what the speaker is talking about:

Nederlandse boeken zijn duur. Dit (boek) hier, bijvoorbeeld, kost een derde meer dan in de VS.
Dutch books are expensive. This one here, for example, costs a third more than in the U.S.A.

When the demonstrative points out but does not directly modify, it is always in the neuter form and is situated at the beginning of the sentence:

Dit is de bibliotheek.
This is the library.

Dit is mijn oudste zus. (showing pictures) **Zij studeert aan de universiteit van Delft.**
This is my oldest sister. She is studying at the university of Delft.

Dutch often uses a neuter article or demonstrative with a plural verb form when the plural noun referred to is thought of as a group rather than as individuals:

Dat zijn mijn kinderen.
Those are my children.

Zij houden van harde muziek.
They love loud music.

Dit zijn haar boeken.
These are her books.

This is the same for articles:

Wie is dat? Het zijn de buren.
Who is that? It's the neighbors.

Here is how to remember it.

The unspecified thing (demonstrative) is modified by noun and verb.

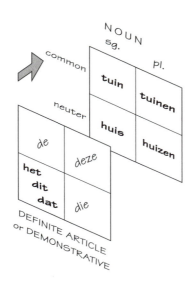

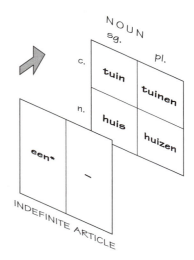

* may be missing in sing.: "mass" nouns

"count" nouns: *tuin-tuinen,*
huis-huizen, dag-dagen, reis-reizen . . .

"mass" nouns: *water, melk,*
bier, zand, verkeer,
schoonheid . . .

| 4.3.1 | **Let's try it**

de, het, een, deze, die, dat, dit or nothing?

Er loopt _____ kat in onze tuin. _____ kat is pikzwart.

Gebruik je _____ melk en _____ suiker in je koffie?

Daar loopt _____ politieagent. _____ politieagent kan ons vast wel
helpen.

Onze computer is kapot. Morgen gaan wij _____ nieuwe computer
kopen.

In _____ klas zitten vijf jongens en een meisje. _____ jongens komen uit
_____ Verenigde Staten en _____ meisje komt uit Canada.

Dit is mijn oudste broer. _____ woont in Frankrijk.

Wat is _____ Lange Voorhout? _____ is _____ straat in Den Haag.
_____ is _____ straat waar veel ambassades gevestigd zijn.

Chapter 5

Personal pronouns and the verb

5.1   Subject forms

The subject forms of personal pronouns are:

Singular				Plural		
Person	Stressed	Unstressed	English	Stressed	Unstressed	English
1	**ik**	**'k**	I	**wij**	**we**	we
2	**jij**	**je**	you (informal)	**jullie**	**(je)**	you (informal)
	u	–	you (formal)	**u** (+ verb in singular)	–	you (formal)
3	**hij**	**ie** (after verb)	he	**zij**	**ze**	they
	zij	**ze**	she			
	het	**'t**	it			

Most pronouns have two forms:

1   The emphatic or stressed form: used regularly in writing, but used in speaking only for particular emphasis on the person.
2   The non-emphatic or unstressed form: used in speaking where the emphasis is usually not on the pronoun but on the accompanying verb. Non-emphatic forms are often used in less formal writing, though **ie** is almost never used in writing. All unstressed forms except **ie** are pronounced with a very short e sound. **'t/'k** usually merge almost completely with the following word, as in English " 'twas."

Note: In order to avoid confusion, or misuse of the unstressed form, it is best to always use the stressed form, because it is always correct to use the stressed form, but not always correct to use the unstressed form:

A: **Wie heeft dat gedaan?**   A: Who did it?
B: **Ik.**   B: I did.
A: **Jij?**   A: You?
B: **Ja, ik.**   B: Yes, me.

5.1.1 The pronoun u, jij, jullie

This pronoun is used as a polite form to casual acquaintances, strangers, superiors and in general to persons a generation older. Like English "you," it can refer to one person or several people, but its accompanying verb form remains singular. The familiar **jij, jullie** are used for relatives, close friends and anyone under the age of 18. Generally speaking, it is advisable to translate English "you" by **u** unless there is a specific reason for using **jij** or **jullie**. That said, the trend is to expand the use of **jij** and **jullie**.

5.2 Use of pronouns

Since things in Dutch may have one of two genders, **het** "it" must be used only for those nouns that are neuter and **hij** for all others, even though to a speaker of English this seems to violate a feeling that inanimate objects cannot be personalized with the word "he":

de garage: **hij (die) is groot**   the garage: it is large

de organisatie: **(zij) die is groot**   the organization: it is large

het huis: **het is wit**   the house: it is white

However, **het** is used in the introductory phrase "it is," "they are," when the object(s) or person(s) have not been specifically named as yet:

Het is onze auto.   It is our car.

Het zijn onze sleutels.   They are our keys.

Het zijn hun collega's   They are their colleagues.

(See drawing, paragraph 4.3.)

5.2.1 | *Let's try it*

Fill in the appropriate personal pronoun:

1 Mijn neefje komt op bezoek. _____ is vier jaar.

2 Zijn vrouw is een beetje ziek. _____ heeft last van de hitte.

3 _____ ben een beetje ziek.

4 Wij gaan naar de dierentuin. Gaat _____ ook mee, meneer Kroes?

5 Jij hebt vijf kleinkinderen. Vind _____ het leuk om opa te zijn?

6 Tot morgen, Hans. Hoe laat kom _____?

5.3 Present tense

Dutch verbs are always cited in the infinitive form. This, with a few exceptions to be discussed in the following chapter, regularly ends in **-en**. In order to conjugate a verb this ending is removed, leaving the stem of the verb, to which the appropriate personal endings are then added. In the present tense the verb assumes only three different forms:

helpen to help
stem = infinitive – -en = help

Singular		Plural	
Ik help	**Help ik?**	**Wij helpen**	**Helpen wij?**
Jij helpt	**Help jij?**	**Jullie helpen**	**Helpen jullie?**
Hij, zij, het helpt	**Helpt hij, zij, het?**	**Zij helpen**	**Helpen zij?**
U helpt	**Helpt u?**		

Note 1: When the pronoun **u** is used, whether it addresses one or more people the verb is always singular.

Note 2: When **jij/je** follows the verb and its subject, the verb always drops the ending **-t,** but not the **t** of the stem (**zit je, praat je**):

Hij geeft je een appel. He gives you an apple.
(Here **je** is the indirect object and doesn't change the verb form.)

35

Draag je die koffer zelf?   Do you carry that suitcase
yourself?

Note 3: When **hij** follows the verb it is pronounced **ie** (**helpt hij** is pronounced **helpt ie**) in ordinary speech, unless the pronoun receives special
emphasis, but is not usually written this way.

Note 4: The pronouns for "she" and "they" are identical, but the form
of the accompanying verb always serves to indicate which is intended.

5.4 **Spelling**

Many verbs change their spelling in the various forms of the conjugation,
regularly following the spelling rules given in Chapter 2:

Infinitive	**leggen**	**maken**	**schrijven**	**lezen**
	to lay	to make	to write	to read
Stem	**leg-**	**maak-**	**schrijf-**	**lees-**
Conjugation	**ik leg**	**ik maak**	**ik schrijf**	**ik lees**
	jij legt	**jij maakt**	**jij schrijft**	**jij leest**
	(leg jij?)	**(maak jij?)**	**(schrijf jij?)**	**(lees jij?)**
	u legt	**u maakt**	**u schrijft**	**u leest**
	hij, zij, het, legt	**hij, zij, het, maakt**	**hij, zij, het, schrijft**	**hij, zij, het, leest**
	wij leggen	**wij maken**	**wij schrijven**	**wij lezen**
	jullie leggen	**jullie maken**	**jullie schrijven**	**jullie lezen**
	zij leggen	**zij maken**	**zij schrijven**	**zij lezen**

5.5 **Yes/no questions**

Yes/no questions are questions to which the answer can be a simple "yes"
or "no." These questions are different from question-word questions, which
start with a question word such as "why," "when," "what."

In asking a yes/no question (English: Do you help?) the positions of subject and verb in Dutch are simply inverted; questions are never asked with an equivalent of the English "do" plus verb:

Maak ik een taart?	**Schrijft hij een brief?**
Do I make a pie?	Does he write a letter?
Lezen jullie de krant?	**Helpen zij het kind?**
Do you read the paper?	Do they help the child?

There is no verbal form equivalent to what we call the "progressive" form.* So the above could just as well be "Am I making a pie?," "Is he writing a letter?," "Are you reading the paper?," "Are they helping the child?" Accordingly "He helps," "He is helping," "He does help" are all rendered alike in Dutch:

Ik schrijf een brief	I write a letter, I'm writing a letter, I'll write a letter, I do write a letter.
Wij lezen een boek	We read a book, we're reading a book, we will read a book, we do read a book.

In asking question-word questions, the positions of subject and verb are inverted:

Wat zegt u?
What did you say?

Wie is dat?
Who is that?

Waar wonen de meeste buitenlanders?
Where does the largest number of foreigners live?

Welke dag is het vandaag?
What day is it today?

Hoeveel dollars heb jij nog?
How many dollars do you still have?

---

* A construction in Dutch somewhat analogous to the English progressive will be discussed in Chapter 15.

A verb is negated simply by the addition of the adverb **niet**:

Hij helpt niet.	He does not help.
Ik schrijf niet.	I do not write.
Leest hij niet?	Doesn't he read?

Here again, we see that the auxiliary "do" + main verb in English is not used in Dutch. The adverb **niet** simply follows the main verb.

Observe carefully from now on where the word **niet** is placed in a sentence. A few general rules for this will be summarized in Chapter 20.

5.5.2 | **Let's try it**

Fill in, using the correct conjugated form.

Infinitive	Stem			
lopen	_____	hij _____	het _____	wij _____
denken	_____	ik _____	u _____	jullie _____
schrijven	_____	jij _____	_____ jij?	zij _____
zitten	_____	ik _____	je _____	we _____
wandelen	_____	u _____	zij _____	zij _____
maken	_____	ik _____	jij _____	jullie _____
helpen	_____	het _____	u _____	wij _____
fietsen	_____	ik _____	_____ jij?	zij _____
lezen	_____	je _____	u _____	ze _____
liggen	_____	ik _____	het _____	we _____

5.6 Word order in the Dutch sentence

You will find a table below showing word order in independent clauses in Dutch. Compared to English, Dutch has a different way of arranging words in different types of sentences.

Affirmative sentence

subject	verb	rest
Hilde	**gaat**	**morgen naar de markt.**

Hilde is going to the market tomorrow.

In Dutch, the verb in an affirmative sentence must be in the second position.

If the first position is not occupied by the subject, any other part of the sentence can come in its place and the subject moves to its mandatory place immediately after the verb.

Vanavond	**leest**	**Hilde**	**de krant.**
De krant	**leest**	**Hilde**	**vanavond.**
1	2	3	4

Hilde is reading the paper this evening.

Questions

a Yes/no questions

verb always in first position! = inversion

verb – subject – rest

Woon	**jij**	**al lang**	**in Amsterdam?**

Have you lived in Amsterdam for a long time?

b Question-word questions

question word – verb – subject – rest

Wanneer	**winkelt**	**hij**	**op de markt?**

When does he go shopping at the market?

Hoe	**weet**	**jij**	**dat?**

How do you know that?

Waarom	**vraagt**	**zij**	**de prijs van het boek?**

Why does she ask the price of the book?

Waar	**gaat**	**zij**	**naar school?**

Where does she go to school?

Wie	**schrijft**	**het verslag?**

Who is writing the report?

c Imperative

Verb stem without personal pronoun, except when it is a polite order.

Loop hard!	**Gaat u maar zitten.**
Run fast.	Please sit down.
Ga snel!	**Geeft u mij een kilo pruimen, alstublieft.**
Go fast.	Please give me a kilo of plums.

More details on the imperative are given in Chapter 6.

5.6.1 | **Let's try it**

Insert the correct form of the verb in the correct place in the sentence:

(liggen)   De kat _____ heel lekker op de bank.

(kopen)   Morgen _____ wij een nieuw woordenboek.

(fietsen)   _____ Nederlanders naar hun werk?

(lezen)   Welk boek _____ jij op dit moment?

(denken)   Hij _____ veel aan zijn vriendinnetje.

(werken)   U _____ zeker erg graag met die nieuwe computer.

(studeren)   _____ jullie Nederlands aan een Amerikaanse universiteit?

Chapter 6

The verb; **hebben** and **zijn** and the imperative

6.1 Verbs with stems ending in *-t* or *-d*

When the stem of a verb ends in -t, the ending -t for the second and third person singular is not added:

zitten = to sit		**weten** = to know	
ik	**zit**	**ik**	**weet**
jij	**zit (zit jij?)**	**jij**	**weet (weet jij?)**
u	**zit**	**u**	**weet**
hij/zij/het	**zit**	**hij/zij/het**	**weet**
wij	**zitten**	**wij**	**weten**
jullie	**zitten**	**jullie**	**weten**
zij	**zitten**	**zij**	**weten**

Verbs with a stem that ends in -d, however, *do* add the -t in the second and third person singular, even though this makes no difference to the pronunciation:

rijden = to ride		**houden** = to hold	
ik	**rijd, rij**	**ik**	**houd, hou**
jij	**rijdt (rijd jij?)**	**jij**	**houdt (houd jij?)**
u	**rijdt**	**u**	**houdt**
hij/zij/het	**rijdt**	**hij/zij/het**	**houdt**
wij	**rijden**	**wij**	**houden**
jullie	**rijden**	**jullie**	**houden**
zij	**rijden**	**zij**	**houden**

The verbs **rijden**, **snijden** and **houden** as spoken and written normally drop the -d of the stem as well as the -t of the second person singular in the inverted form:

Rij je?	Do you ride?
Snij je?	Do you cut?
Hou je?	Do you hold?

The same is true of **vinden**, although normally this happens only in the spoken language:

Vind je (spoken: **vin je**)	Do you think?
Vind je niet? (**vin je niet**)	Don't you think so?
but: **Je vindt**	you think

6.2   The verbs *gaan, staan, slaan, doen, zien*

There are five verbs with an infinitive that does not end in -en but in -n. These are **gaa-n** "to go," **staa-n** "to stand," **slaa-n** "to strike," **doe-n** "to do" and **zie-n** "to see"; all of them occur frequently in Dutch. Otherwise, they are regular in the present tense:

gaan = to go		**doen** = to do	
ik	ga	ik	doe
jij	gaat (ga jij?)	jij	doet (doe jij?)
u	gaat	u	doet
hij/zij/het	gaat	hij/zij/het	doet
wij	gaan	wij	doen
jullie	gaan	jullie	doen
zij	gaan	zij	doen

6.3   The verb *komen*

The stem vowel of the verb **komen** "to come" is short in the singular, but long in the plural.

ik	kom
jij	komt (kom jij?)
u	komt
hij/zij/het	komt
wij	komen
jullie	komen
zij	komen

6.4 The verbs *hebben* and *zijn*

Hebben "to have" and zijn "to be" show irregularities in their present tense conjugation:

ik	heb	ik	ben
jij	hebt (heb jij?)	jij	bent (ben jij?)
u	hebt/heeft	u	bent/is
hij/zij/het	heeft	hij/zij/het	is
wij	hebben	wij	zijn
jullie	hebben	jullie	zijn
zij	hebben	zij	zijn

Note that with **u** both **hebt** and **heeft** are in common use and that the same is true for **bent** and **is**, although the latter is less frequent.

6.4.1 Let's try it

Use the correct form of the verb:

De docent (zitten) op een stoel voor de klas.

In Nederland (wonen) vrij veel mensen in een rijtjeshuis.

Jij (rijden) op een zogenaamde omafiets.

Op dit schilderij van Paulus Potter (staan) een man met een stier.

(zien) je dat stoplicht? Daar moet je linksaf.

Hij (hebben) een vraag die de docent niet kan beantwoorden.

(zijn) dat de kinderen van Annet en Pieter?

43

6.5 The imperative

The imperative, used to give orders or commands, is merely the stem of the verb. The same forms are used to address one person or a group. As in English, no pronoun is used to address the person(s) one commands:

Kijk eens!	Look!
Wacht eens even!	Wait a minute!
Ga weg!	Get out!

When the situation calls for more formal politeness, the pronoun **u** is used and the verb is used in the third person singular. The same form is used when one addresses one or more person(s):

Komt u binnen!	Come in.
Gaat u zitten	Have a seat.

A more peremptory form of the imperative uses the infinitive:

Doorlopen!	Move on!
Luisteren!	Listen!
Opletten!	Pay attention!

6.6 By the way

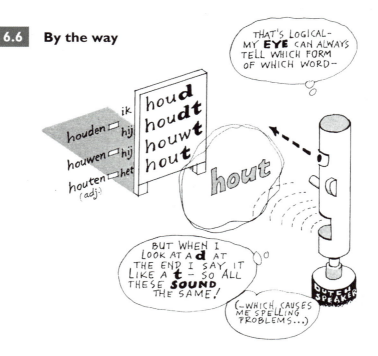

6.6.1 | Let's try it

Test yourself on how the drawing works with these verb pairs:

winden	to wind	**winnen**	to win
laden	to load	**laten**	to let
kruiden	to season	**kruien**	to wheel (in a wheelbarrow)
schudden	to shake	**(be)schutten**	to shield from

Chapter 7

Adjectives, adverbs and comparison

7.1 | Adjectives

An adjective can stand in one of two positions:

1 It can be an attributive adjective, i.e. the adjective modifies the following noun:

een groene auto   a green car

2 It can be used independently, i.e. not modifying a noun:

de auto is groen   the car is green

7.1.1 | Forms of the adjective

- When the adjective does not modify the noun, it appears in its basic form:

  hij zingt mooi   he sings beautifully

- When the adjective does modify the noun, it can take different forms. The main rule = the adjective takes an -e ending when in front of the noun:

  De groene auto staat in de stille straat.
  The green car is parked in the quiet street.

  Een groene auto staat in een stille straat.
  A green car is parked in a quiet street.

  Het groene gras groeit op het grote plein.
  The green grass grows in the large square.

The one case in which an attributive adjective cannot have an -e ending is when three conditions are fulfilled simultaneously:

1 The following noun is neuter.
2 The environment is indefinite: no modifier or article, **een, geen**.
3 The noun is singular.

Groen gras groeit op een groot plein.
Green grass grows in the large square.

Zij heeft een rond gezicht.
She has a round face.

7.1.2 | Let's try it

What happens if one of these conditions is not fulfilled?

Fill in the following blanks, using the adjective **rond**.

het _____ gezicht   the round face (definite)

_____ gezichten   round faces (plural)

een _____ tafel   a round table (**de** word)

een _____ gezicht   a round face (all fulfilled)

7.1.3

Adjective endings	Definite		Indefinite	
	Singular	Plural	Singular	Plural
Common gender	**de kleine man**	**die kleine mannen**	**geen kleine man**	**kleine mannen**
	zijn kleine vrouw	**de kleine vrouwen**	**een kleine vrouw**	**kleine vrouwen**
			verse melk	
Neuter gender	**ons kleine kind**	**de kleine kinderen**	**een klein kind**	**kleine kinderen**
			wit brood	

| **7.1.4** | *Let's try it* |

Fill in the correct form of the adjective or adverb:

1 Het _____ bord staat op een _____ tafellaken. (wit–blauw)

2 De _____ tafels in de _____ kamer, zijn _____.
   (rond–groot–praktisch)

3 Hoeveel _____ zalm wil je? (gerookt)

4 Kan je _____ citroenen eten? (zuur)

5 Dat is een _____ gerecht! (heerlijk)

6 Deze _____ perzikentaart smaakt _____. (vers–lekker)

7 Dat is een _____ fooi! (fantastisch)

8 Dat _____ nagerecht staat sinds kort op het _____ menu.
   (heerlijk–nieuw)

9 De kok in dit _____ restaurant kookt erg _____. (leuk–lekker)

10 Veel mensen houden van _____ haring in Nederland. (rauw)

| **7.2** | **Exceptions** |

| **7.2.1** | *Attributive adjectives without -e ending* |

These include adjectives ending in -en such as **gouden, zilveren, katoenen, wollen, stoffen** etc.

These adjectives usually describe materials from which objects are made or are past participles ending in -en used as adjectives (**gebakken eieren**):

Dat is een katoenen bloes.
That is a cotton blouse.

Dat is een mooie, zilveren ring.
That is a beautiful, silver ring.

Ik houd van leren schoenen.
I love leather shoes.

Other adjectives ending in -en that do not take an -e ending: **eigen, open, verlegen, verkouden, volwassen.**

Other exceptions are adjectives of foreign origin such as **plastic, aluminium, platina, beige.**

Zijn die aluminium pannen duur?
Are those aluminium pans expensive?

Ik heb een plastic tafel.
I have a plastic table.

elk + **adjective** + **neuter singular noun**
ieder
welk

Elk, ieder, welk are considered indefinite words: "each," "every," "which." When they precede an adjective + neuter singular noun, they and the adjective have no ending:

Elk goed restaurant is ook een duur restaurant.
Any good restaurant is bound to be an expensive restaurant.

Ieder jong diertje heeft liefde nodig.
Every young animal needs love.

Welk geruit overhemd vind jij het mooist?
Which tartan shirt do you like best?

Note: When the noun is not a neuter singular noun, then both the beginning adjective as well as the secondary adjective take an -e ending:

Elke goede boetiek is ook een dure boetiek.
Any boutique that is good is also expensive.

Elke jonge hond heeft liefde nodig.
All young dogs need love.

Welke geruite bloes vind jij het mooiste?
Which plaid blouse do you like best?

veel + **(adjective)** + **neuter singular noun**
meer
weinig
minder
geen

Veel, meer, weinig, minder, geen form an indefinite context when they precede a noun, very much like **elk, welk, ieder.** Unlike the latter, **veel, meer, weinig, minder** and **geen** are themselves unchangeable.

Er is veel Belgisch bier te koop in de VS.
There is a lot of Belgian beer for sale in the U.S.

Je kunt niet veel Belgische jenever in Amerika kopen.
You can't buy much Belgian gin in the U.S.

Nederlanders eten meer verse groente dan Amerikanen.
The Dutch eat more fresh vegetables than the Americans.

Men vindt weinig groen mos op het strand.
Not much green moss is found on the beach.

Men eet in België minder rood vlees dan in de VS.
In Belgium people eat less red meat than in the U.S.

Geen zacht bed is zacht genoeg voor ons.
A soft bed is never soft enough for us.

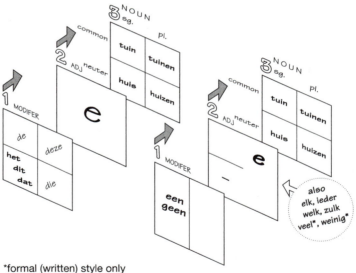

*formal (written) style only

Linker- and **rechter-**, often in combination with another word, are also exceptions.

linkerhand	left hand
rechtervoet	right foot
de rechter helft	the right half

There is a long list of adjectives that do not have an -e ending. These combinations can be regarded as idiomatic. Some examples:

het dagelijks leven	daily life
het Centraal Station	the Central Station
het openbaar vervoer	public transportation
het voortgezet onderwijs	secondary education
het Academisch Ziekenhuis	the University Hospital
het Nederlands elftal	the Dutch (football) team
het voltooid deelwoord (but: **voltooide deelwoorden**)	the past participle

Some attributive adjectives either have an -e ending or not, depending on the meaning:

een groot man	a great man
↓	↓
een grote man	a tall man

The version without the -e ending usually indicates a meaning that transcends the "direct" meaning of the adjective and implies an honorable characteristic. It is not "democratically" spread over the language: it usually applies to male persons.

7.2.2 | *iets/wat/niets + adjective + -s*

When the adjective is used after **iets**, **wat**, **niets** an -s is added.

Hij ziet iets moois in elke situatie.
He sees something good in every situation.

Ik wil je wat lekkers geven.
I want to give you something tasty.

Zij willen niets negatiefs horen over hun kinderen.
They don't want to hear anything negative about their children.

7.3 Adverbs

Adverbs that modify verbs, adjectives or other adverbs have the same form as the uninflected adjective, as they often do in colloquial English:

Het zijn aardige mensen.	They are nice people.
Zij zingt aardig.	She sings nicely.
Hij schrijft goede brieven.	He writes good letters.
Hij schrijft goed.	He writes well.

The adverb **heel** "very" usually takes on the form of an inflected adjective, especially in speech, when it appears in front of one:

een hele mooie dag	a very nice day
hele grote bloemen	very large flowers

7.4 Comparison of adjectives and adverbs

The endings of the comparative and superlative are **-er** and **-st(e)**:

groot	**groter**	**grootst**	tall, big
jong	**jonger**	**jongst**	young
aardig	**aardiger**	**aardigst**	nice

These endings can be added to adjectives of any length:

belangrijk	**belangrijker**	**belangrijkst**	important
interessant	**interessanter**	**interessantst**	interesting

Adjectives ending in **-r** insert **-d-** before the comparative **-er**:

zwaar	**zwaarder**	**zwaarst**	heavy
duur	**duurder**	**duurst**	expensive
lekker	**lekkerder**	**lekkerst**	tasty
ver	**verder**	**verst**	far

Irregular comparatives and superlatives:

goed	**beter**	**best**	good
veel	**meer**	**meest**	much, many
weinig	**minder**	**minst**	few
graag	**liever**	**liefst**	gladly

Note: The adverb **graag** and its comparative and superlative are used with a verb in a construction equivalent to the English verb "to like to":

Wij spelen graag gitaar.
We like to play the guitar.

Zij drinkt liever koffie dan thee.
She prefers coffee to tea.

Hij leest het liefst een boek in bed.
He prefers to read a book in bed.

Endings: comparatives and superlatives behave as adjectives:

een beter boek	a better book
het mooiere schilderij	the more beautiful painting
de oudste boom	the oldest tree

7.4.1 | *Let's try it*

Supply the comparative in the following sentences:

1 Mijn broer is (**dik**) _____ dan de president van de Verenigde Staten van Amerika.

2 Haar haar is (**lang**) _____ dan het haar van de koningin.

3 Wat heb je (**lief**) _____, een kopje thee of koffie?.

4 In het weekend is het natuurlijk (**druk**) _____ in de stad dan door de week.

5 Hij woont (**ver**) _____ van de universiteit dan ik.

6 Hij komt vaak (**laat**) _____ dan zij.

7 Nu ik in een grote stad woon, ga ik (**vaak**) _____ naar de bioscoop.

8 Schrijven is voor veel studenten in deze klas (**gemakkelijk**) _____ dan spreken.

9 Kunnen jullie alsjeblieft een beetje (**stil**) _____ zijn?

10 Hij doet nog (**gek**) _____ dan anders.

Supply the superlative in the following sentences:

1 Dat is de (**eng**) ＿＿＿＿＿ spin die ik ooit gezien heb.

2 Hoe gaat het met de (**lief**) ＿＿＿＿＿ oom van de wereld?

3 Heb je zijn (**mooi**) ＿＿＿＿＿ dochter gezien?

4 Het (**groot**) ＿＿＿＿＿ stuk taart is vandaag voor mij!

5 Hij is verliefd op de (**oud**) ＿＿＿＿＿ dochter van de president.

6 Dat is de (**moeilijk**) ＿＿＿＿＿ vraag die ik ooit gehad heb.

7 Morgen gaan we naar het (**lekker**) ＿＿＿＿＿ restaurant in de stad.

8 Hier maken ze de (**heerlijk**) ＿＿＿＿＿ pannenkoeken.

9 Dat is de (**rot**) ＿＿＿＿＿ tomaat die ik ooit gezien heb.

10 Kan jij het (**hoog**) ＿＿＿＿＿ springen, of is het je zus die dat kan?

7.5 The superlative used as an adverb

When the superlative is used as an adverb, in the written language it is normally used without an ending. In the spoken language, the ending **-ste** is more common.

In de lente zingen de vogels het mooist.
Birds sing the most beautifully in the spring.

Zij schrijven het best.
They write the best.

Deze computer is het snelst.
This computer is the fastest.

Dat boek is het dikst.
That book is the thickest.

Deze pullover is het warmst(e).
This sweater is the warmest.

When the superlative is used as a noun, it takes the ending **-ste** and is preceded by **de** or **het**:

Van deze auto's neem ik de goedkoopste (auto).

Dit huis is het oudste (huis) van de hele straat.

Deze computer is de snelste.

Dat boek is het dikste.

Note: A direct comparative is indicated in Dutch by **dan** "than":

Hij is groter dan zijn broer
He is taller than his brother.

(**net**) **zo . . . als . . .** requires a plain adjective:

Hij zingt bijna (net) zo goed als Piet.
He sings almost as well as Piet does.

Chapter 8

Object pronouns, reflexives and indefinite pronouns

8.1 Object pronouns used for the object of a verb

	Singular			Plural		
1st pers.	**mij**	**me**	me	**ons**		us
2nd pers.	**jou** **u**	**je**	you (informal) you (formal)	**jullie**	**je**	you (informal)
3rd pers.	**hem** **haar** **het**	**'m** **d'r/'r** **'t**	**die** **dat**	him her it	**hen/hun** **die**	**ze**	them

Geef mij het boek.
Give me the book.

Ik zie jullie helemaal niet.
I don't see you at all.

Heb je 'm gehoord?
Have you heard him?

Wij hebben d'r samen met Jan ontmoet.
We've met her together with Jan.

Here, too, we have both stressed and unstressed forms of the pronouns.

- **mij**: this is usually the written form
- **jou** ordinarily stresses familiarity or used for special emphasis

Note: The verbal ending -**t** is not dropped when the **je** following the verb is the object:

Hij ziet je elke dag om negen uur.
He sees you every day at nine o'clock.

Jij wast je 's ochtends met koud water.
You wash (yourself) in the morning with cold water.

8.1.1 | *Some details about pronoun usage*

The unstressed form je can replace **jullie** but only when the latter has already occurred in the sentence:

Jullie gaan naar de stad, maar je koopt niets.
You go into town, but you don't buy anything.

- **haar** (singular) is usually used only when the pronoun is stressed or as a written form. In Belgium, the unstressed form **d'r** is not used; often **ze** (referring to a person) is heard instead. However, this is not considered standard language.

- **het** is never used after prepositions: for example over het = **erover, op het = erop, uit het = eruit**. See Chapter 21 for more on this topic.

- **hem** is used for inanimate objects in the written language to refer to **de** words that indicate, for example, institutions, public bodies and so on. Normally, demonstratives are used instead. **hij**, however, is the only full form that may be used at all times to refer to anything other than people.

Waar is mijn auto?	Where is my car?
O, hij staat in de garage.	Oh, it is in the garage.
Waar is mijn auto?	Where is my car?
O, die staat in de garage.	Oh, it is in the garage.

8.1.2 | hun *and* hen

Hen/hun as stressed forms can only refer to people; **die** refers to anything other than people:

Zij gaan met hem naar een restaurant.
They go to the restaurant with him.

Hen haalt hij op om zeven uur.
He picks them up at seven o'clock.

Hij neemt onze slaapzakken mee op reis.
He's taking our sleeping bags with him on his trip.

Die haalt hij morgenochtend op.
He is picking them up tomorrow morning.

There is an official rule as to when to use **hen** or **hun**: **hen** is used as a direct object and after prepositions, whereas **hun** is an indirect object. However, **hen** is used less and less, especially in spoken Dutch, because even native speakers of Dutch don't always know when to use which form:

Ik geef hun het geld.	I give them the money.
Ik geef het geld aan hen.	
Hij ziet hen.	He sees them.
Wij zien hen later.	We will meet them later.
Jullie doen het voor hen.	You do it for them.

- In more familiar speech, the unstressed **ze** can be substituted in all cases; this is the only choice when the pronoun refers to things:

– Daar staan Piet en Gerrit.	There are Piet and Gerrit.
+ Ik zie ze niet.	I don't see them.
– Geef ze het geld.	Give them the money.
+ Okee, ik geef hun het geld.	Okay, I will give them the money.
+ Nu zie ik hen.	Now I see them.
– Heb je de enveloppen met geld?	Do you have the envelopes with money?
+ Ja, ik heb ze bij me.	Yes, I have them with me.

8.2 Subject or object pronoun *die*

- A subject or object pronoun in the third person when stressed often turns up as **die**:

Hij weet het wel.	He knows it all right.
Die weet het wel.	*He* knows it all right.
Ik ken haar (d'r/ze) niet.	I don't know her.
Die ken ik niet.	I don't know *her*.

- **die** is used to refer to inanimate objects instead of **haar** and **hem**:

Hij verkoopt de auto.   He sells the car. He sells it.
Hij verkoopt die.

De auto? Die is verkocht.   The car? *It* has been sold.

8.3 A sentence with two objects: direct and indirect

When a sentence contains two objects, the direct (usually a thing) and the indirect (usually a person) occur in various sequences depending on whether they are pronouns or nouns. In the examples that follow, the direct object is underlined and the indirect object is in italics. You can observe in the examples how the objects can be replaced by pronouns:

De man geeft <u>het geld</u> *aan de vrouw*.
The man gives the money to the woman.

De man geeft *de vrouw* <u>het geld</u>.
The man gives the woman the money.

Hij geeft <u>het geld</u> *aan de vrouw*.
He gives the money to the woman.

Hij geeft *de vrouw* <u>het geld</u>.
He gives the woman the money.

Hij geeft <u>het</u> *aan de vrouw*.
He gives it to the woman.

Hij geeft <u>het geld</u> *aan haar*.
He gives the money to her.

Hij geeft *haar* <u>het geld</u>.
He gives her the money.

Hij geeft <u>het</u> *aan haar*. (haar gets the stress)
He gives it to her.

Hij geeft <u>het</u> *haar*. (geeft gets the stress)
He gives it to her.

Take the **aan** out of the following sentences and adjust word order as necessary.

1 Vertel je verhaal aan je broer.

2 Schrijf een brief aan de ouders van je vrouw.

3 Hoeveel keer heb je dat aan je leraar verteld?

4 Geef een geschenk aan je verloofde voor Kerstmis.

5 De politieagent geeft een bekeuring aan de fietser.

6 Sinterklaas geeft cadeautjes aan de kinderen van de basisschool.

7 De vader leest elke avond een verhaaltje voor aan zijn kinderen.

8 Hij geeft een nieuwe auto aan zichzelf.

8.4 Reflexive pronouns

When the object of a verb is the same person as the subject and when the subject acts on itself, the object is then called reflexive. There are two kinds of reflexive verb in Dutch: those that are (1) grammatically reflexive and (2) exclusively reflexive.

1	**Hij wast zich.**	He washes himself.
	Hij wast zijn auto.	He washes his car.
2	**Hij vergist zich.**	He makes an error.
		(uncommon in English, but like verbs such as he betakes himself, she bethinks herself)

The table shows the reflexive forms for all persons.

		Singular			Plural	
1st pers.	**me**	**ik was me**	myself	**ons**	**wij wassen ons**	ourselves
2nd pers.	**je**	**jij wast je**	yourself	**je**	**jullie wassen je**	yourselves
		u wast zich	yourself			
3rd pers.	**zich**	**hij wast zich**	himself/	**zich**	**zij wassen zich**	themselves
		zij wast zich	herself/			
		het wast zich	itself			

Note: Dutch adds -**zelf** to stress the reflexive idea only with verbs that are reflexive by nature:

Hij wast zichzelf, niet zijn zoon
He washes himself, not his son.

| 8.4.1 | *Examples of reflexive verbs* |

zich verbazen, zich verheugen op, zich vergissen, zich herinneren, zich veroorloven:

Zij verbaast zich over de mooie bloemen in het park.
She is surprised by the beautiful flowers in the park.

Wij verheugen ons op het feest.
We look forward to the party.

Hij vergiste zich in de naam.
He made a mistake in the names.

Jullie herinneren je niets meer van die reis.
You can't remember a thing from that trip.

U kan zich niet veroorloven zo'n fout te maken.
You can't afford to make such a mistake.

8.5   Indefinite pronouns

- **allen**: formal language. It means "all people" and is used for people only:

  De ministers zitten allen in het kabinet.
  The ministers are all part of the cabinet.

  We gaan met z'n allen naar de bioscoop.
  We are all going to the cinema.

- alles: "everything":

  Alles zit in de koffer.
  Everything is in the suitcase.

- **alle, al de**: "all the." Always followed by a common gender noun or a plural:

Alle/al de kleren zitten in de koffer.
All the clothes are in the suitcase.

Ik heb alle melk opgedronken.
I finished all the milk.

- **allemaal**: only marked as informal language in sentences with a reference to a relatively large amount of something, mostly spread over a large surface. Always in combination with a personal pronoun or a noun:

We zagen allemaal eendjes in de vijver.
We saw all these ducks in the pond.

Er was allemaal zand in het huis.
There was all this sand in the house.

Wat is dat allemaal?
What in the world is going on?

Otherwise, it means "all of them":

Ze komen allemaal.
All of them are coming.

Wij hebben ze allemaal ontmoet.
We've met all of them.

- **allebei, beide, beiden**: "both of them" (people or objects). **Beiden** is only used for people:

Beide boeken gaan over grammatica.
Both books are about grammar.

Beide gaan over grammatica.
Both of them are about grammar.

Beide studenten geven hun mening.
Both students give their opinion.

Beiden geven hun mening.
Both of them give their opinion.

Ze komen allebei naar het feest.
Both of them are coming to the party.

We hebben ze beiden ontmoet.
We met both of them.

Wie van hen komt?   **– Beiden.**
Which ones of them are coming?   – Both.

- iedereen: "everybody," "everyone," "anyone":

Iedereen is aanwezig.
Everybody is present.

Note: The verb is singular.

- (n)iemand: "nobody," "anybody"

Ik ken hier niemand.
I don't know anybody here.

Niemand weet het.
Nobody knows.

Is er iemand die het antwoord weet?
Is there anybody who knows the answer?

- de meeste: "the most"

De meeste mensen doen hun voordeur op slot.
Most people lock their front door.

Ik zie het meeste van allemaal.
I see more than anybody else.

- de meesten: "most of the people" (only used for people):

De meesten blijven logeren.
Most of the people stay overnight.

Note: When you add an -en to adjectives such as **blank, zwart, oud, gehandicapt**, etc., you turn the adjective into a noun that has the meaning "people who are . . .":

De zwarten leven vreedzaam samen met de blanken in deze streek.
The black people live in peace with the white people in this area.

Er zijn gratis parkeerplaatsen voor gehandicapten in de stad.
There are free parking spaces for the handicapped in the city.

Let's try it

Replace the noun in parentheses by a pronoun or follow guidelines:

1 Kijk naar (**de man**), hij verkoopt (**theedoeken**).

2 Geef (**de paprika's**) aan (**de vrouw**).

3 Betaal (**de kaasboer**), anders krijg je geen kaas van (**de kaasboer**).

4 Zij laten (**de huisdieren**) aan (**je tante en mij**) zien.

5 Kijk uit! (**De groenteboer**) ziet (**jou en je vriendin**) niet!

6 Zie je (**de appels**)?

7 (**Tante Tine**) neemt (**Kaatje**) op schoot [= lap] en ze zegt: "Kaatje, vertel (**Tante Tine**) eens over de kanarie."

8 Ik ga met (**mijn vrienden**) op de fiets naar de markt.

9 Zoveel mensen kopen niet bij. [you informal]

10 Professor, ik zeg [you formal]: het is de beste kaas in Nederland!

Chapter 9

Possessive adjectives and pronouns

9.1 Possessive adjectives

	Singular		Plural	
1st pers.	*mijn/m'n* **boek**	*my* book	*ons* **huis** *onze* **auto**	*our* house *our* car
2nd pers.	*jouw/je* **auto**	*your* car (informal)	*jullie/je* **fiets**	*your* bicycle (informal)
	uw **huis**	*your* (formal) house		
3rd pers.	*zijn/z'n* **moeder** *haar/d'r* **vader** *zijn/z'n* **hok** **(het dier)**	*his* mother *her* father *its* doghouse	*hun* **bus**	*their* bus

1 Unstressed forms are used in everyday speech and occasionally written.

2 **Jouw** is used only for special emphasis, the usual form even in writing being **je**:

A: **Hij gaat met mij naar het concert.**

A: He is going to the concert with me.

B: **Met jou?**

B: With you?

A: **Ja, verbaast je dat?**

A: Yes, does that surprise you?

3 Spelling difference between **jouw** and **jou** (possessive and object), between **uw** and **u**:

Heeft u uw kaartje bij u?
Do you have your ticket with you?

Gaat jouw vader met jou naar de film?
Is your father going to the movies with you?

4 Once the form **jullie** has been used in the sentence, **je** can be its unstressed form:

Jullie houden natuurlijk liever je boek bij je.
Of course, you'd rather keep your book with you.

5 **Ons/onze**: the use depends on the gender of the following noun: **ons** for neuter singular nouns; **onze** in *all* other cases:

Dat is ons boek. → **Dat zijn onze boeken.**
That is our book. → Those are our books.

Dat is onze auto. → **Dat zijn onze auto's.**
That is our car. → Those are our cars.

6 **D'r** is regularly heard in the Netherlands, but not in Flanders:

Heb je d'r boek gezien? Have you seen her book?

Ze komt met d'r man. She's coming with her husband.

9.1.1 | Let's try it

Put the possessive in the blank.

1 Vorige week heb ik _____ beste vriendin helpen verhuizen.

2 Heb jij _____ boek gezien? Ik ben het kwijt.

3 Hij gaat samen met _____ ouders naar de diploma-uitreiking.

4 De Koningin ging samen met _____ kleinkinderen op de foto.

5 Heeft u gisteren _____ paraplu nog gevonden?

6 De hond was _____ speeltje kwijt.

7 Jullie houden natuurlijk liever _____ jas aan.

8 Wij gaan samen met _____ vrienden op skivakantie in Oostenrijk.

9 Dit is _____ huis: we wonen er al drie jaar.

10 Zij gaan met _____ hele hebben en houden verhuizen.

9.2 Adjective endings after possessives

Adjectives modifying a noun require an adjective ending when they are preceded by a possessive. The possessive is not considered indefinite. So a neuter singular noun preceded by a possessive has a modifying adjective with an ending. Note that **ons** has no ending when it precedes a neuter singular noun with modifying adjective:

Mijn hele gezin.	My entire family.
Haar nieuwe huis.	Her new house.
Ons kleine land.	Our small country.
Onze kleine stad.	Our small town.

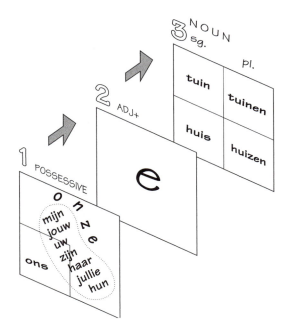

9.3   Possessive pronouns

The Dutch equivalent of "mine," "yours," "ours," etc. can be expressed in one of two ways.

9.3.1 *Formal*

The definite article appropriate to the noun is placed before one of the above possessives, to which -e is added:

Hier is mijn krant.	→	**Dat is de mijne.**
Here is my newspaper.	→	That is mine.
Daar is jouw boek.	→	**Dat is het jouwe.**
There is your book.	→	That is yours.
Ik heb uw kopje.	→	**Ik heb het uwe.**
That is your cup.	→	That is yours.
Dat is zijn huis.	→	**Dat is het zijne.**
That is his house.	→	That is his.
Dat is haar vader.	→	**Dat is de hare.**
That is her father.	→	That is hers.
Het is zijn hok.	→	**Het is het zijne.**
That is his doghouse.	→	That is his.
Nee, dat is niet ons bed.	→	**Nee, dat is niet het onze.**
No, that isn't our bed.	→	No, that is not ours.
Dit zijn jullie kinderen.	→	**Dit zijn die VAN jullie.**
These are your children.	→	These are yours.
Hun huisdieren zijn lief.	→	**De hunne zijn lief.**
Their pets are nice.	→	Theirs are nice.

9.3.2 *Informal:* the van *construction*

The other frequently used construction, characteristic especially of the spoken language, is the use of the object pronoun preceded by **van** and the appropriate demonstrative:

Hier is mijn krant.	→	**Die van jou is daar.**
Here is my newspaper.	→	Yours is there.
Zijn huis is groot.	→	**Dat van jou is klein.**
His house is large.	→	Yours is small.

1   The **van** construction is obligatory with **jullie**:

Ons huis is klein, maar dat van jullie is groot.
Our house is small, but yours is large.

2   The **van** construction is usual after a form of the verb **zijn** "to be":

Dit boek is van mij.   This book is mine.

Is die auto van jou?   Is that car yours?

Ja, die is van mij.   Yes, it is mine.

3   The construction with **van** is the regular way of expressing the possessive in Dutch, corresponding to the English use of "of":

de ramen van het huis   the windows of the house

Unlike English, Dutch also uses this with reference to persons:

de ogen van Marieke   Mary's eyes

4   The preposition **van** is used before **wie** "who" to express an interrogative possessive:

Van wie is dit boek?   Whose book is this?

9.3.3 | *Other constructions for possessives*

D'r/z'n/hun construction:

Jan z'n moeder is ziek.   Jan's mother is sick.

Mijn ouders hun hond is klein. My parents' dog is small.

Ilse d'r kat is dood.   Ilse's cat is dead.

Wie z'n boek is dit?   Whose book is this?

In spoken informal language this construction is used with the third person singular or plural.

Or add an -s:

Miekes moeder is ziek.   Mieke's mother is sick.

Jans vader werkt niet.   Jan's father doesn't work.

Hanna's zus studeert.   Hanna's sister is a student.

Els' boek ligt op tafel.   Els's book is on the table.

Beatrix' kleinkinderen.   Beatrix's grandchildren.

Just as in English, an -s can be added to a noun to express possession. The spelling rules apply, as is clear from the examples: no apostrophe unless the noun ends in a vowel other than -e or when the last letter is an **s** or **x**.

9.3.4 | *Let's try it*

Part one: supply the possessive pronoun.

1   Dit is jouw boek. Daar ligt _____ _____. (*mine*)

2   Is dat jullie auto? Nee, dat is niet _____ _____. (*ours*)

3   Van wie is dit kopje koffie? Is het _____ _____. (*yours, formal*)

4   Hier hangt mijn jas: die van _____ ligt daar op de grond. (*hers*)

5   Ons huis is klein, maar dat van _____ is erg groot. (*yours, plural*)

Part two: fill in the right possessive.

1   In _____ kamer staat een grote boekenkast. (*I*)

2   Heeft _____ vader al die boeken voor _____ aangeschaft? (*you*)

3   Houd _____ tas altijd bij _____, er wordt hier veel gestolen. (*you, formal*)

4   Zij vergist _____ niet zo vaak in de datum. (*she*)

5   Hij gaat volgend jaar met _____ hele gezin naar Engeland emigreren. (*he*)

6   Zie je het hondje daar? _____ baas loopt hem al een tijd te zoeken. (*it*)

7   Van wie is die auto? Dat is de _____. (*we*)

8   Ken je Karel en Thea? Daar zie ik _____ net lopen. Zal ik je even aan _____ voorstellen? (*they*)

9.4 Table of all pronouns in Dutch

Pronouns

	Subject			Object			Reflexive			Possessive		
	Stressed	Un-stressed	English	Stressed	Un-stressed	English	Stressed	Un-stressed	English	Stressed	Un-stressed	English
1	ik	'k	I	mij	me	me	–	me	myself	mijn	m'n	my
2	jij	je	you	jou	je	you	–	je	yourself	jouw	je	your
3	hij	ie	he	hem	'm	him	–	zich	himself	zijn	z'n	his
	zij	ze	she	haar	d'r	her	–	zich	herself	haar	d'r	her
	het	't	it	het	't	it	–	zich	itself	zijn	z'n	its
	u	–	you	u	–	you	–	zich	yourself	uw	–	your
1	wij	we	we	ons	–	us	–	ons	ourselves	ons/onze	–	our
2	jullie	je	you	jullie	je	you	–	je	yourselves	jullie	je	your
3	zij	ze	they	hen	ze	them	–	zich	themselves	hun	d'r	their

Chapter 10

Numbers and dates, currency and measurement, telling the time

Cardinal numbers

0–10		11–20		10–100		100–1.000.000	
0	nul	11	elf	10	tien	100	honderd
1	één	12	twaalf	20	twintig	200	tweehonderd
2	twee	13	dertien	30	dertig	300	driehonderd
3	drie	14	veertien	40	veertig	400	vierhonderd
4	vier	15	vijftien	50	vijftig	1000	duizend
5	vijf	16	zestien	60	zestig	2000	tweeduizend
6	zes	17	zeventien	70	zeventig	3000	drieduizend
7	zeven	18	achttien	80	tachtig	4000	vierduizend
8	acht	19	negentien	90	negentig	1000	één miljoen
9	negen	20	twintig	100	honderd	1.000.000	één miljard
10	tien	21	eenentwintig				
		22	tweeëntwintig				
		23	drieëntwintig				

From 21 on to 99, the unit is placed before the 10!

| **10.1.1** *Note* |

1   Irregular spelling:

vier, vierhonderd and **vierduizend** but <u>**veer**</u>**tien,** <u>**veer**</u>**tig**

drie, driehonderd and **drieduizend** but <u>**der**</u>**tien,** <u>**der**</u>**tig**

acht, achttien but <u>**t**</u>**achtig**

2   Irregular pronunciation:

zeven, zeventien: initial sound is [z], **zeventig**: initial sound is [s]

zeven, zeventien, zeventig: often the stressed [e] is pronounced as [ø] i.e. **zeuven, zeuventien, zeuventig** (pronounced but not normally written this way). This pronunciation only occurs in the Netherlands and is used to avoid confusion with **negen**.

3   Honderd–duizend:

| **honderdeenenzestig** | one hundred (and) sixty-one |
| **duizend drie** | one thousand (and) three |

These examples show Dutch doesn't add **één** to **honderd** and **duizend**, neither does it add **en** between hundreds and the rest of the number or thousands and the rest of the number.

4   Splitting up the different sections of long numbers:

Thousands, hundreds separated from the rest:

| 1.333 | **duizend driehonderd drieëndertig** or **dertienhonderd drieëndertig** |
| 12.467 | **twaalfduizend vierhonderd zevenenzestig** |

5   A period separates each set of three numbers, a comma is used for the decimal:

2.024.789	2,024,789
47,6	47.6
4,5 viereneenhalf	4.5
1,5 anderhalf	1.5
0,0 nul komma nul	absolutely nothing

10
Numbers
and dates,
currency and
measure-
ment, telling
the time

| 10.1.2 | *Let's try it* |

Write down the numbers in letters and pronounce them:

3   17   71   298

1.389   10.461   8,7%

10.2   Ordinal numbers

1–19	Cardinal number + -de ending	Upwards of 20	Cardinal number + -ste/-de
1e	eerste	20e	twintigste
2e	tweede	30e	dertigste
3e	derde	40e	veertigste
4e	vierde	59e	negenvijftigste
5e	vijfde	67e	zevenenzestigste
6e	zesde	100e	honderdste
7e	zevende	101e	honderd eerste
8e	achtste	115e	honderd vijftiende
9e	negende	144e	honderd vierenveer-tigste
10e	tiende	1.000e	duizendste
11e	elfde	1.001e	duizend eerste
12e	twaalfde	1.200e	duizend tweehonderd-ste
13e	dertiende	1.000.000e	miljoenste
14e	veertiende	1.000.000.000e	miljardste
15e	vijftiende		
16e	zestiende		
17e	zeventiende		
18e	achttiende		
19e	negentiende		

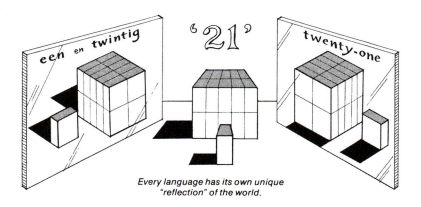

*Every language has its own unique
"reflection" of the world.*

 Exceptions

eerste and **achtste** → **-ste** ending

eerste and **derde** → not directly derived from the cardinal number

tweede → spelled with double **ee**, even though the [e] sound
occurs in an open syllable. The reason for this is because **twee** is
spelled with double **ee** to begin with.

10.2.2 **Note**

In a compound number, only the last receives the ending.

Ordinal numbers are commonly abbreviated: sometimes you see **1ste** or
11de, but mostly nowadays you find **1e, 11e.**

10.3 **Dates**

Days of the week

maandag	Monday
dinsdag	Tuesday
woensdag	Wednesday
donderdag	Thursday
vrijdag	Friday
zaterdag	Saturday
zondag	Sunday

10

Numbers
and dates,
currency and
measure-
ment, telling
the time

Months of the year

januari	January
februari	February
maart	March
april	April
mei	May
juni	June
juli	July
augustus	August
september	September
oktober	October
november	November
december	December

Note: the names of the days and months are *not* capitalized in Dutch.

In dates, Dutch ordinarily uses a cardinal number:

één januari	the first of January, January first
vrijdag, veertien februari	Friday, February fourteenth
op zevenentwintig maart	on the twenty-seventh of March

Although, occasionally, ordinals are used as well:

Het is vandaag de achtste april.
Today is the eighth of April.

De vijftiende mei valt dit jaar op een dinsdag.
The fifteenth of May falls on a Tuesday this year.

When the month is not given, ordinal numbers are obligatory:

vrijdag de dertiende
Friday the thirteenth

De vijftiende valt dit jaar op een zondag.
The fifteenth this year is on a Sunday.

Wanneer is je examen?
When is your exam?

Op de zevenentwintigste.
On the twenty-seventh.

The normal way of writing dates is to use the numeral, which then precedes the name of the month. Note carefully that this order is kept when the date is written entirely in numbers:

25 juni 1997   **(25–6–1997)**   June 25, 1997 (6–22–1997)

4 juli 2001   **(4–7–2001)**   July 4, 2001 (7–4–2001)

Before 2000, the year is commonly expressed in hundreds:

1492	**veertien (honderd) tweeënnegentig**
1999	**negentien (honderd) negenennegentig**

After 2000, the year is expressed in thousands (at least for the first decade or so). Dutch usually doesn't express a number like 2200 in hundreds, but in thousands and hundreds: **tweeduizend tweehonderd**:

2001	**tweeduizend één**
2035	**tweeduizend vijfendertig**
	(or **twintig vijfendertig**? It is still impossible to say how this will develop in the future)

10.3.1 *Let's try it*

Answer the following questions:

Wanneer ben je geboren?

Op welke dag ben je jarig?

Welke dag is het vandaag?

In welk jaar leven we nu?

10.4 **Units of currency, measures and time**

10.4.1 *Currency*

Before the introduction of the euro, the unit of currency was different for the Netherlands and Belgium. Belgium had the Belgian *frank* and the

10

Numbers
and dates,
currency and
measure-
ment, telling
the time

Netherlands had the *gulden*. There were colloquial names for some of the coins or notes, but that has changed with the euro. In what way it will affect the Dutch language is not clear yet. The symbol for the euro is €.

10.4.2 Measures

Length:	**centimeter, meter, kilometer**
Liquid volume:	**liter**
Weight:	**gram, ons, pond, kilo**

Used in the plural only when the individual units are emphasized and when they are not preceded by a definite number. When preceded by a definite number, the singular form is used:

Wij berekenen een afstand, lengte, breedte in centimeters, meters en kilometers en gewichten in kilo's en grammen of in ponden. Wij meten water in liters.
We measure a distance, length or width in centimeters, meters and kilometers and weights in kilograms and grams or in pounds. We measure water in liters.

but:

Dat is dan vijftig euro samen.
That is fifty euros all together.

Dat kost vier euro, vijfendertig (cent).
That costs four euros and thirty-five cents.

Brugge is twintig kilometer van Oostende.
Brugge is twenty kilometers from Oostende.

drie kilo sinaasappels en honderd gram wilde paddestoelen
three kilograms of oranges, and a hundred grams of wild mushrooms

anderhalf pond appels
one and a half pounds of apples

twee ons ham
two ounces of ham

drie liter melk
three liters of milk

Note: In the case of weights and measures, the noun immediately follows the unit of measurement, without any joining preposition as in English:

vijf kilo kaas	five kilos of cheese
twee liter melk	two liters of milk

one pound	=	approximately 450 grams
eén kilo	=	approximately 2.2 pounds
one ounce	=	approximately 25 grams
eén ons	=	100 grams

10.4.3 Time

Er zijn twaalf maanden in één jaar.
There are twelve months in a year.

Er zijn 365 dagen in één jaar.
There are 365 days in a year.

Eén jaar heeft 52 weken.
One year has 52 weeks.

10.4.4 By the way

Many expressions of time and number seem unpredictable and thus idiomatic from the point of view of English:

Zij zijn met z'n tweeën.
There are two of them, they're a twosome.

10

Numbers
and dates,
currency and
measure-
ment, telling
the time

Wij zijn met ons drieën.
There are three of us, we're a threesome.

De hoeveelste is het vandaag?
What's the date today?

Hebt u terug van 25 euro?
Do you have change for 25 euros?

van de week	this week
vrijdag over een week	a week from Friday
over veertien dagen	in two weeks
over een maand of drie	in two or three months
een jaar of tien	around ten years
een stuk of vijf appels	about five apples
ongeveer vijf appels	about five apples

Note: The last examples express an approximate number and they do so by using the unstressed **een**, "a," and not the stressed **één** "one."

10.5 Telling the time

10.5.1 The clock

half (to the next hour)

The Dutch method of telling time differs from the English. The principal reason for this is the fact that the half hour is treated as just as important a point in time as the hour itself: whereas in English, the minutes are reckoned in relation to the hour, in Dutch they are reckoned in relation to both the hour *and* the half hour:

Hoe laat is het?	What time is it?
Het is twee uur.	It is two o'clock.
Het is half twaalf.	It is 11.30.

The word **uur** is dropped if one does not indicate a round hour.

Het is zes uur.	It is six o'clock.
Het is kwart over twaalf.	It is 12.15.

10.5.2 Preposition used with hours

Om = at:

Hoe laat vertrek jij?	At what time do you leave?
Om twaalf uur.	At noon/midnight.
Hoe laat komen jullie?	At what time do you come?
Om vijf uur.	At five o'clock.

The clock is also divided into two horizontal halves: a quarter to the hour and a quarter past the hour (top half), a quarter past the hour to the half hour and the half hour to the quarter until the hour (bottom half):

Het is kwart over drie.	It is three fifteen.
Wij gaan om kwart voor vijf.	We're going at 4.45.

Over half

Het is vijf over half zes.	It is 5.25.
Hij gaat om tien over half tien.	He is going at 9.40.

Voor half

Jij eet elke dag om vijf voor half zeven.
You eat at 6.25.

Ik kom je om tien voor half acht halen.
I will come to get you at 7.20.

10

Numbers
and dates,
currency and
measure-
ment, telling
the time

Het is half twee.
It is one thirty.
(i.e. halfway towards two o'clock)

De trein komt om half twaalf aan.
The train arrives at eleven thirty.
(i.e. halfway towards twelve o'clock)

10.5.3 Prepositions of time

tegen = towards, by   **voor** = before

omstreeks, rond = around   **na** = after

Hij komt tegen zeven uur.
He will be here by seven o'clock.

Zij vertrekt met de bus omstreeks/rond vijf over zeven.
She leaves by bus around 7.05.

Kan je voor tien uur komen?
Can you come before ten o'clock?

Na vijf minuten viel hij in slaap.
He fell asleep after five minutes.

10.5.4 Adverbs of time

1   Een uur of . . .

Hij werd wakker om een uur of half zeven.
He woke up around 6.30 am.

2   Dutch adds **van-** to parts of the day to indicate "today":

vandaag   today

Vandaag gaan wij naar de markt.
Today we're going to the market.

vanochtend   this morning

Vanochtend floten de vogels.
This morning the birds sang.

vanmiddag   this afternoon

Vanmiddag ga ik naar een lezing.
This afternoon I'm going to a lecture.

vanavond   this evening

Vanavond ga je naar een concert.
This evening you are going to a concert.

vannacht   tonight

Vannacht begint de zomertijd.
Tonight the clock changes to daylight saving time.

3   Dutch adds **'s . . . s** to parts of the day to indicate "every"/"in the":

's morgens/'s ochtends   in the morning

Ik lees de krant altijd 's ochtends.
I always read the newspaper in the morning.

's middags   in the afternoon

Hij doet 's middags een dutje.
He takes a nap in the afternoon.

's avonds   in the evening

We drinken 's avonds een glas wijn.
We drink a glass of wine in the evening.

's nachts   at night

Zij doen 's nachts alle deuren op slot.
They lock all the doors at night.

4   The same **'s . . . s** is added to certain days of the week to indicate "every." **Op** is used to indicate "on":

op zaterdag	**zaterdags**	
on Saturday	Saturdays	**'s** is dropped
op zondag	**zondags**	
on Sunday	Sundays	**'s** is dropped
op maandag	**'s maandags**	
on Monday	Mondays	

10

Numbers
and dates,
currency and
measure-
ment, telling
the time

op dinsdag	**dinsdags**	
on Tuesday	Tuesdays	**'s** is dropped
op woensdag	**'s woensdags**	
on Wednesday	Wednesdays	
op donderdag	**donderdags**	
on Thursday	Thursdays	**'s** is dropped
op vrijdag	**vrijdags**	
on Friday	Fridays	**'s** is dropped

elke dag, elke week, elke maand, elk jaar
each day, each week, each month, each year

om de twee dagen, om de vier weken, om de zes maanden
every other day, every fourth week, twice a year

één keer per week, twee keer per maand, drie keer per jaar
once a week, twice a month, three times per year

| 10.5.5 | *The 24-hour system* |

In Dutch, the 24-hour system is used. The Dutch write **16.00 u** for the English 4.00 pm. However, they will say **vier uur 's middags**. In the spoken language, the 24-hour timetable is only used when exact traveling times are mentioned:

De trein vertrekt om 17.07u.
The train leaves at 5.07 pm.
De trein vertrekt om zeventien uur zeven.

When the 24-hour timetable is used, the **u** is used in written language after any time given, but only *said* when the hour is expressed:

Het feest begint om 19.00 u.
The party starts at 7.00 pm.
Het feest begint om zeven uur.

De winkel sluit om 16.30 u.
The store closes at 4.30 pm.
De winkel sluit om half vijf.

| **10.5.6** *Let's try it* |

Fill in the correct form of the words on the left.

3.15 pm	Het is _____.
9.45 am	Het is _____.
after	_____ tien minuten kon hij zijn ogen al niet meer open houden.
at	_____ vijf uur heb ik een afspraak.
this afternoon	_____ ga ik naar een lezing.
tonight	De voorstelling van _____ is uitverkocht.
in the morning	Veel mensen drinken _____ een kopje koffie.
Wednesdays	We gaan altijd _____ naar de markt.

Chapter 11

The past tense: "weak" verbs

11.1 Weak and strong verbs

The verbs in all Germanic languages can be divided into two major classes according to whether:

1 the past tense is formed by the addition of a suffix to the stem = WEAK

| to reside | resided | (has) resided |
| **wonen** | **woonde(n)** | **(heeft) gewoond** |

or

2 the past tense is formed by a vowel change in the stem itself = STRONG

| to sing | sang | (has) sung |
| **zingen** | **zong** | **(heeft) gezongen** |

11.2 Simple past of weak verbs

The past tense of weak verbs is formed by adding -t- or -d- to the stem of the verb, and then the endings -e for the singular and -en for the plural:

Simple past = **stem + t/d + e(n)**

koken = to cook		**horen** = to hear	
ik		**ik**	
jij	**kookte**	**jij**	**hoorde**
u		**u**	
hij/zij/het		**hij/zij/het**	

wij		wij	
jullie	kookten	jullie	hoorden
zij		zij	

11.2.1 t or d?

The choice of **t** or **d** as the sign of the past is automatically determined by the consonant in the infinitive.

1 The endings **-te, -ten** are used after voiceless consonants (**t, k, f, s, ch, p**). A handy way to remember them is with the word **'t kofschip**, a name for an old type of sailing vessel:

Infinitive	Translation	Simple past singular	Simple past plural
zetten	to set	**zette**	**zetten**
praten	to talk	**praatte**	**praatten**
roken	to smoke	**rookte**	**rookten**
straffen	to punish	**strafte**	**straften**
fietsen	to cycle	**fietste**	**fietsten**
lachen	to laugh	**lachte**	**lachten**
hopen	to hope	**hoopte**	**hoopten**
kloppen	to knock	**klopte**	**klopten**

Notice that since **-tt-** is a spelling convention and pronounced like single **t**, and **-n** is dropped in ordinary speech, **praten** (infinitive), **praatte** (simple past, singular), **praatten** (simple past plural) are all pronounced alike.

2 Verbs that do not have any of the above consonants in their infinitive take a -de/-den ending:

Infinitive	Translation	Simple past singular	Simple past plural
bestellen	to order	**bestelde**	**bestelden**
bouwen	to build	**bouwde**	**bouwden**
naaien	to sew	**naaide**	**naaiden**
studeren	to study	**studeerde**	**studeerden**
schudden	to shake	**schudde**	**schudden**
leggen	to lay	**legde**	**legden**
antwoorden	to answer	**antwoordde**	**antwoordden**

3 Verbs with **v** or **z** in the infinitive also add the endings -de, -den, but these endings are added to the *stem* of the verb:

Infinitive	Translation	Stem	Simple past singular	Simple past plural
leven	to live	**leef-**	**leefde**	**leefden**
geloven	to believe	**geloof-**	**geloofde**	**geloofden**
reizen	to travel	**reis-**	**reisde**	**reisden**
glanzen	to shine	**glans-**	**glansde**	**glansden**

The explanation of this is the familiar rule that the letters **v** and **z** may not close a syllable. The pronunciation does not follow this, however, and the past tense forms on the right are pronounced as **leevde**, **geloovde**, **reizde**, **glanzde**.

11.2.2 By the way

Most Dutch speakers in the *Randstad* area pronounce the sound spelled **g** in the same way as that spelled **ch**, which would make it seem as though a verb like **leggen** ought to have the ending -te, as does **lachen**. The -de ending, however, reflects the fact that for many Dutch speakers, particularly in the southern provinces and in the whole of Dutch-speaking Belgium, the sounds **g** (voiced) and **ch** (voiceless) are as sharply distinguished from one another as are **v** and **f**, or **z** and **s**.

| 11.2.3 | *Let's try it*

Supply the past tense.

(**werken**)   Hij _____ in de jaren 70 bij de Universiteit van Groningen.

(**wonen**)   Wij _____ toen nog in de polder.

(**praten**)   Jij _____ gisteren de hele tijd met haar.

(**schudden**)   Sara en Karel _____ echt van het lachen.

(**verhuizen**)   Wij _____ in dat jaar naar het oosten van het land.

(**zetten**)   Met Sinterklaas _____ ik altijd mijn schoen.

(**hopen,**   Zij _____ op mooi weer, maar volgens mij _____ het de
  regenen)   hele tijd.

(**verven**)   Ik _____ mijn haar op Koninginnedag helemaal oranje.

11.3   The past participle

The past participle in Dutch consists of the stem of the verb plus either **d** or **t** and a prefix **ge-**:

past participle = ge- + stem + d/t

1   The **-t** ending is used when the final consonant of the stem is any of the consonants in **'t kofschip**, provided it is the same consonant in the infinitive.

2   The **-d** ending is used for all other weak verbs.

Note

1   In pronunciation there is no difference between **-t** and **-d** at the end of the word.

2   Since doubled letters may never stand at the end of a word in Dutch, no **-t** or **-d** is added to verbs whose stems already end in **-t** or **-d**:

| **praten** | **gepraat hebben** |
| to talk | to have talked |

| **antwoorden** | **geantwoord hebben** |
| to answer | to have answered |

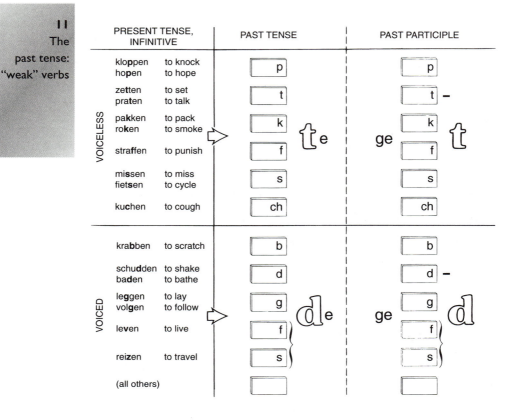

PRESENT TENSE, INFINITIVE		PAST TENSE	PAST PARTICIPLE

VOICELESS

kloppen	to knock	p	p
hopen	to hope		
zetten	to set	t	t –
praten	to talk		
pakken	to pack	k	k
roken	to smoke		
straffen	to punish	f	f
missen	to miss	s	s
fietsen	to cycle		
kuchen	to cough	ch	ch

VOICED

krabben	to scratch	b	b
schudden	to shake	d	d –
baden	to bathe		
leggen	to lay	g	g
volgen	to follow		
leven	to live	f	f
reizen	to travel	s	s
(all others)			

Dutch has six unstressed verbal prefixes, **be-**, **er-**, **ge-**, **her-**, **ont-** and **ver-**. The participle prefix **ge-** is not added to verbs that already have one of these six prefixes:

Infinitive	Translation	Simple past	Past participle
bedanken	to thank	**bedankte(n)**	**bedankt**
erkennen	to admit	**erkende(n)**	**erkend**
geloven	to believe	**geloofde(n)**	**geloofd**
herhalen	to repeat	**herhaalde(n)**	**herhaald**
ontmoeten	to meet	**ontmoette(n)**	**ontmoet**
verklaren	to explain	**verklaarde(n)**	**verklaard**

Note

1 The prefix **er-** occurs in only two verbs:

erkennen	to admit
ervaren	to experience

2 Her- always adds a meaning of "again" to the verb:

herbouwen	to rebuild
herrijzen	to rise again

Note that (unlike German) the thousands of verbs ending in -**eren** do require the participle prefix **ge-** regardless of the length of the verb:

noteren	to note	**noteerde(n)**	**genoteerd**
activeren	to activate	**activeerde(n)**	**geactiveerd**
digitaliseren	to digitalize	**digitaliseerde(n)**	**gedigitaliseerd**

11.3.1 Let's try it

What is the past participle of these verbs?

fietsen	pakken	antwoorden	herinneren
zeggen	ontdekken	trouwen	geloven
betalen	leven		

11.4 The present perfect

The present perfect tense consists of the past participle of the verb accompanied by the appropriate form of the auxiliary verb **hebben/zijn** (in English, for example, "I have talked").

(For when to use **hebben** or **zijn**, see Chapter 12.)

> Present perfect = **hebben/zijn . . . ge- + stem + d/t**

Note: The greatest difference from English, however, is the fact that the auxiliary verb and past participle do not normally appear next to one another. In a regular sentence, the auxiliary verb is positioned immediately after the subject (or second in the sentence; see remarks on word order in Chapter 5) and the participle is *always* placed at the end of the clause:

Hij heeft een huis gebouwd.
He has built a house.

Heb je vaak met haar gepraat?
Have you talked to her often?

Ik heb hem vaak in de stad in de bibliotheek ontmoet.
I have met him often in the library in the city.

Gisteren heeft ze wat aardappelen gekookt.
She cooked some potatoes yesterday.

Bij de kruidenier hebben wij wat kaas besteld.
We ordered some cheese at the grocer's.

Ik ben naar huis gewandeld.
I walked home.

11.4.1 Let's try it

Supply the present perfect.

(**fietsen**)   Hij _____ gisteren uren door de stad _____.

(**antwoorden**)   Maria _____ niet op de vraag _____.

(**studeren**)   De twee zusjes _____ allebei in Utrecht _____.

(**zeggen**)   Jij _____ op maandag niet zo veel _____.

(**dansen**)   _____ jullie dit weekend lekker _____?

(**horen**)   De docent _____ de vraag niet _____.

(**geloven**)   Ik _____ zijn verhaal niet _____.

(**betalen**)   Wie _____ de koffie _____?

(**praten**)   Vorige week _____ ik uren met hem _____.

(**reizen**)   De president _____ als kind veel _____.

Chapter 12

The past tense: "strong" verbs

12.1 Simple past of strong verbs

The simple past tense of strong verbs is indicated by some difference from the present in the vowel of the stem. First, let us note how a typical strong verb is conjugated in the simple past:

zingen to sing

Present			*Simple past*		
ik	**zing**	I sing	**ik**	**zong**	I sang
jij	**zingt**	you sing	**jij**	**zong**	you sang
u	**zingt**	you sing	**u**	**zong**	you sang
hij/zij/het	**zingt**	he/she/it sings	**hij/zij/het**	**zong**	he/she/it sang
wij	**zingen**	we sing	**wij**	**zongen**	we sang
jullie	**zingen**	you sing	**jullie**	**zongen**	you sang
zij	**zingen**	they sing	**zij**	**zongen**	they sang

The singular of the simple past tense is simply the stem without any ending, the past tense being indicated in this case by the change from **i** to **o**.

12.2 Vowel changes in the stem

There are a number of different ways in which the vowel of the stem might change. By an old tradition, in the Germanic languages, we arrange these in seven classes, each illustrated here with one verb. The past participle has the prefix **ge-** and, like the English strong verb "give," ends in an **-en**.

	Infinitive		Simple past singular/plural	Past participle
I	**blijven**	to stay	**bleef/bleven**	**gebleven**
2a	**bieden**	to offer	**bood/boden**	**geboden**
2b	**buigen**	to bend	**boog/bogen**	**gebogen**
3a	**binden**	to tie	**bond/bonden**	**gebonden**
3b	**zenden**	to send	**zond/zonden**	**gezonden**
4	**nemen**	to take	**nam/namen**	**genomen**
5a	**geven**	to give	**gaf/gaven**	**gegeven**
5b	**liggen**	to lie	**lag/lagen**	**gelegen**
6	**dragen**	to carry	**droeg/droegen**	**gedragen**
7a	**laten**	to let	**liet/lieten**	**gelaten**
7b	**helpen**	to help	**hielp/hielpen**	**geholpen**

8   Minor groups, represented by only a few members each:

8a	**hangen**	to hang	**hingen/hing**	**gehangen**
8b	**bewegen**	to move	**bewoog/bewogen**	**bewogen**
8c	**zweren**	to swear	**zwoer/zwoeren**	**gezworen**

Note: The simple past of classes 4 and 5 has a *short* vowel in the singular but a *long* vowel in the plural.

and	lag	la·····gen
	bad	ba·····den
just like	dag	da·····gen
	weg	we·····gen
	god	go·····den

12.2.1	*A few other strong verbs present slight irregularities:*			

verliezen	to lose	**verloor/verloren**	**verloren**
komen	to come	**kwam/kwamen**	**gekomen**
houden	to hold	**hield/hielden**	**gehouden**
eten	to eat	**at/aten**	**gegeten**
worden	to become	**werd/werden**	**geworden**

For more irregularities, see also Chapter 13.

12.2.2	*Verliezen and vergeten*

verliezen: usually **hebben** is used. **zijn** is also used in spoken language or in the expression **iemand/iets uit het oog verliezen** (to lose track of someone).

vergeten: **hebben** or **zijn** depends on the meaning. **hebben** if **vergeten** means to not think about something: **Ik heb mijn paraplu vergeten** "I forgot my umbrella." **zijn** if **vergeten** means to lose from one's memory: **Ik ben jouw naam vergeten** "I forgot your name."

A list of the strong verbs used in this text is to be found in the appendix, "Strong and irregular verbs in common use." Although the total number of strong verbs in the Dutch language is smaller than the number of weak verbs, many of the most common verbs are strong. Since there is no foolproof way of predicting the past tense of a given strong verb, the principal parts (infinitive–simple past–past participle) must be learned with each verb. In the Dutch–English vocabulary in the grammar, the past tense and past participle forms are supplied for each strong verb. Principal parts of weak verbs, since they are regularly predictable, are given only in the case of irregular verbs.

12.2.3	

The infinitive gives no clue as to whether a verb is weak or strong. However, when verbs are strong, one can find recurring patterns within each class of strong verbs.

Look at the recurring pattern between the two strong verbs **rijden** and **schrijven**:

rijden	**reed/reden**	**heeft/ is gereden**
to drive	drove	driven
schrijven	**schreef/schreven**	**heeft geschreven**
to write	wrote	written

But here you find pairs of two verbs that look similar in the infinitive: one is strong and one weak:

hopen	**hoopte/hoopten**	**heeft gehoopt**
to hope	hoped	hoped
lopen	**liep/liepen**	**heeft/ is gelopen**
to run/walk	ran/walked	ran/walked
fietsen	**fietste/fietsten**	**heeft gefietst**
to cycle	cycled	cycled
bieden	**bood/boden**	**heeft geboden**
to offer	offered	offered
kijken	**keek/keken**	**heeft gekeken**
to watch	watched	watched
bevrijden	**bevrijdde/bevrijdden**	**heeft bevrijd**
to liberate	liberated	liberated

12.2.4 Let's try it

Give the simple past of the following (strong) verbs:

kijken	worden	bieden	lopen
schrikken	zwemmen	komen	

12.3 Conjugation with *hebben* or *zijn*?

Many verbs are conjugated in the perfect tense with the verb **hebben** rather than with **zijn**. But verbs that indicate a change of place or state, provided they are intransitive (i.e. can take no object), take **zijn**:

Hij is op de grond gevallen.
He fell on the floor. (he has fallen . . .)

Zij is in Rotterdam gestorven.
She died in Rotterdam.

Verbs indicating a specific means of locomotion use **zijn** if the destination is specified or implied; **hebben** if it is not:

Wij zijn naar de stad gelopen.
We (have) walked downtown.

Wij hebben de hele dag gelopen.
We walked all day.

Ik ben naar de stad gereden.
I drove downtown.

Ik heb nooit in zijn auto gereden.
I have never driven his car.

Ik ben naar Amsterdam gevlogen.
I flew to Amsterdam.

Ik heb nooit gevlogen.
I have never been in a plane.

Nearly all verbs that take **zijn** in the perfect tense are strong. The verbs **blijven** and **zijn**, although they show no change of place or state, also take **zijn**:

Hij is thuis gebleven.
He (has) stayed home.

Wij zijn nooit in Friesland geweest.
We have never been to Friesland.

12.3.1 *Let's try it*

Supply the present perfect.

1 Gisteren (**rijden**) wij naar Maastricht.

2 We (**lopen**) de hele dag in de stad.

3 Vorige winter (**schaatsen**) wij tot in Leeuwarden.

4 Mijn haar (**worden**) dertig centimeter langer.

5 Wij (**vliegen**) in minder dan zes uur naar Zaventem, de luchthaven van Brussel!

hier naar toe   de stad in   weg-

tot aan B.   naar A.

Ik *ben … gelopen*   Hij *is … gefietst*   Zij *zijn … gevlogen*

veel   een uur

nooit   in A.   rond-

Ik *heb … gelopen*   Hij *heeft … gefietst*   Zij *hebben … gevlogen*

6 Annie M.G. Schmidt (**sterven**) in 1995.*

7 Dit weekend (**fietsen**) wij drie uur lang door het bos.

8 Ik (**vliegen**) gisteren voor het eerst van mijn leven.

9 (**schaatsen**) jij weleens op natuurijs?

10 Ik (**wandelen**) gisteren heerlijk in het Vondelpark.

12.4 Past participle without ge-

When the infinitive of a verb starts with **be-**, **ge-**, **er-**, **her-**, **ver-** *or* **ont-**, the past participle of that verb does not take **ge-**, whether the verb is weak or strong.

(See also paragraph 11.3.)

Infinitive	Translation	Simple past singular/plural	Past participle
beginnen	to begin	**begon/begonnen**	**begonnen**
beamen	to confirm	**beaamde/beaamden**	**beaamd**
genezen	to cure	**genas/genazen**	**genezen**
geloven	to believe	**geloofde/geloofden**	**geloofd**
ervaren	to experience	**ervoer/ervoeren**	**ervaren**
erkennen	to recognize	**erkende/erkenden**	**erkend**
herlezen	to re-read	**herlas/herlazen**	**herlezen**
herhalen	to repeat	**herhaalde/ herhaalden**	**herhaald**
verliezen	to lose	**verloor/verloren**	**verloren**
vertrouwen	to trust	**vertrouwde/ vertrouwden**	**vertrouwd**
onthouden	to remember	**onthield/onthielden**	**onthouden**
ontdekken	to discover	**ontdekte/ontdekten**	**ontdekt**

---

* Anna Maria Geertruida Schmidt (Kapelle, 20 May 1911–Amsterdam, 21 May 1995) was a Dutch poet and writer. She wrote a large variety of poems, songs, plays, musicals and books. She is best known for her children's literature, most popular of which is the series *Jip en Janneke*. She died at the age of 84 and is buried in Amsterdam.

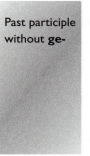

Chapter 13

Some irregular verbs; the past perfect tense

13.1 Irregular verbs

In addition to the strong and weak verbs in Dutch, there are a few verbs, either strong or weak, that show a variety of irregularities.

13.1.1 Strong verbs

doen	**deed, deden**	**heeft gedaan**	to do
slaan	**sloeg, sloegen**	**heeft geslagen**	to hit
staan	**stond, stonden**	**heeft gestaan**	to stand
zien	**zag, zagen**	**heeft gezien**	to see
gaan	**ging, gingen**	**is gegaan**	to go
weten	**wist, wisten**	**heeft geweten**	to know

13.1.2 Showing a change of vowel but having a weak past participle

brengen	**bracht, brachten**	**heeft gebracht**	to bring
denken	**dacht, dachten**	**heeft gedacht**	to think
kopen	**kocht, kochten**	**heeft gekocht**	to buy
vragen	**vroeg, vroegen**	**heeft gevraagd**	to ask
zoeken	**zocht, zochten**	**heeft gezocht**	to look for
zeggen	**zei, zeiden**	**heeft gezegd**	to say
kunnen	**kon, konden**	**heeft gekund**	to be able

13.1.3 *Mixed, with weak past but strong past participle*

bakken	**bakte/bakten**	**heeft gebakken**	to fry, to bake
lachen	**lachte/lachten**	**heeft gelachen**	to laugh
heten	**heette/heetten**	**heeft geheten**	to be called
scheiden	**scheidde/scheidden**	**heeft gescheiden**	to separate
wassen	**waste/wasten**	**heeft gewassen**	to wash

13.1.4

The two most common verbs also form their past tense and past participle irregularly:

hebben	**had, hadden**	**heeft gehad**	to have
zijn	**wăs, wāren**	**is geweest**	to be

Like English was/were, the singular gets an **s**, and the plural an **r**.

zien: short vowel in singular and long vowel in plural of the simple past:

Gisteren zăg hij ons in de bioscoop, maar wij zāgen hem niet.
He saw us at the movies yesterday, but we didn't see him.

13.1.5 *Let's try it*

Fill in the table.

Infinitive	Simple past singular	Simple past plural	Past participle
staan			
vragen			
lachen			
zien			
zijn			

13.2 Past perfect tense

Simple past of **hebben/zijn** + past participle

Hij was naar Parijs gegaan.
He had gone to Paris.

The past perfect tense is formed by using the past tense of the auxiliaries **hebben** or **zijn** and the past participle of the action verb:

Ik had een brief geschreven.
I had written a letter.

Had ze dat al gehoord?
Had she already heard that?

Zij waren nog niet gekomen.
They had not come yet.

Hij was naar Wassenaar gegaan.
He had gone to Wassenaar.

Zij had nog nooit Nederlands gehoord.
She had never heard Dutch.

13.3 Use of the tenses

Although the Dutch **ik schreef** has been rendered here by "I wrote" and **ik heb geschreven** by "I have written," the Dutch usage of the simple past and perfect tenses does not correspond as closely to English usage as we imply by this.

13.3.1 Simple past

The simple past is used to describe different actions in the past.

To describe a habit from the past:

Toen ik klein was, woonde ik in Amsterdam.
When I was small, I lived in Amsterdam.

Vroeger at ik elke dag een appel.
I used to eat an apple every day.

To describe something in general:

Er zaten veel mensen te wachten.
A lot of people were waiting.

Like English, Dutch uses the simple past for the narration of a series of events in the past:

Hij ging naar de stad, kocht een jas, zag zijn vriend, praatte met hem en kwam toen terug.
He went downtown, bought a coat, saw his friend and talked with him and then came back.

13.3.2 Present perfect

The present perfect is used in the following cases.

To illustrate that a situation is finished:

Wij hebben 5 jaar in Utrecht gewoond.
We lived for 5 years in Utrecht.

Hij heeft zijn huiswerk gemaakt.
He did his homework.

To illustrate that an action is over and done with:

Ik heb mijn auto gewassen.
I washed my car.

Hij heeft de woonkamer schoongemaakt.
He cleaned the living room.

To illustrate an action that is not performed daily and took place in the past:

Vorige week heb ik een nieuwe computer gekocht.
Last week, I bought a new computer.

For the expression of isolated events in the past, Dutch generally uses the perfect tense, whereas English tends to use the perfect tense only for a more indefinite past time without specific connection to the present.

Ik heb hem gisteren gezien.
I saw him yesterday.

We hebben ons kopje koffie in de kamer gedronken.
We drank our cup of coffee in the living room.

Hij is om de hoek verdwenen.
He disappeared around the corner.

Ik heb hem nooit gezien.
I have never seen him.

Ik heb haar daar vaak ontmoet.
I have often met her there.

Note: The English versions of the first three examples would not sound right in the perfect tense.

When a verb describes an action that began in the past and continues at the present time, Dutch requires the present tense, usually accompanied by **nu** or **al**, whereas English uses the perfect tense:

Wij zijn al twee maanden in Nederland.
We have been in the Netherlands for two months.

Ik wacht al een uur op je!
I have been waiting an hour for you!

Hij is al jaren weg.
He has been gone for years.

Note: Dutch uses the perfect tense more and the simple past correspondingly less than English.

13.3.3 Past perfect

The past perfect is used for an event that takes place in the past before another past event takes place. In this respect, Dutch and English correspond with one another:

Hij had de was gedaan, toen zij telefoneerde.
He had done his laundry when she called.

Nadat ik had afgewassen, belde ik mijn moeder.
After I had done the dishes, I called my mother.

Zij vertelde dat zij vorige week in New York was geweest.
She said that she had been in New York last week.

Note on word order
Just as in the present perfect, the conjugated auxiliary (**hebben/zijn**) is in second position in the main clause. If there is a dependent clause, as in **toen zij telefoneerde**, the conjugated verb goes at the *end* of the dependent clause.

13.3.4 Let's try it

Fill in the simple past and past perfect where appropriate:

1 Vanmorgen (**moeten**) ik naar de tandarts. Ik (**zijn**) nog nooit eerder bij haar.

2 Nadat ik mijn boodschappen (**doen**), (**gaan**) ik bij De Poort lunchen.

3 In de vakantie (**lezen**) ik de nieuwste roman van Mulisch.* Ik (**horen**) er al veel over.

4 Vroeger (**lopen**) ik graag een uur langs het strand. Mijn vriendin (**gaan**) dan vaak mee.

5 Toen wij klein (**zijn**), (**lezen**) wij elke dag een stukje in de bijbel.

6 Voordat Ali naar Nederland (**komen**), (**horen**) hij nog nooit Nederlands.

7 Hij (**vragen**) of zij vorige week in Chicago een leuke tijd (**hebben**).

8 De docent (**stellen**) een vraag die niemand (**begrijpen**).

13.4 Verb plus preposition

Many verbs are commonly used together with a particular preposition, the selection of which is not predictable from a knowledge of English. These combinations can only be learned individually. (For more about prepositions, see Chapter 19.)

A few examples of verbs with their most usual preposition are given here:

Zij hebben het _over_ het weer.
They are talking about the weather.

Zij wacht al een uur _op_ me.
She has been waiting for me for an hour.

Hij vraagt _om_ het adres.
He asks for the address.

---

* Harry Mulisch (born 29 July 1927) is a Dutch author. Along with W.F. Hermans and Gerard Reve, he is considered one of the "Great Three" of Dutch postwar literature. He has written novels, plays, essays, poems and philosophical reflections. Two of his most well-known novels are _De Aanslag_ (The Assault, 1982) and _De Ontdekking van de Hemel_ (The Discovery of Heaven, 1992).

Lach je *om* het t.v.-programma?
Are you laughing at the TV programme?

Ik denk niet vaak *aan* haar.
I don't think of/about her often.

Denk *om* je moeder!
Remember your mother!

De duinen bestaan hoofdzakelijk *uit* zand.
The dunes consist mostly of sand.

Ik houd niet *van* sinaasappels.
I don't like oranges.

Zij lijkt *op* haar moeder.
She looks like her mother.

Dat zei hij niet *tegen* mij.
He didn't say that to me/tell me that.

Ik zoek *naar* mijn overhemd.
I'm looking for my shirt.

Wij kijken *naar* de film.
We are watching the film.

Chapter 14

Modal auxiliaries, verbs plus infinitive

14.1 Modal auxiliaries

These are verbs that "help" or "complement" another verb. Dutch has five modal auxiliaries that form a separate category not only by virtue of their use, but also because of their formation.

	kunnen	*mogen*	*moeten*	*willen*	*zullen*
	Present				
ik	kan	mag	moet	wil	zal
jij	kunt/kan	mag	moet	wilt/wil	zult/zal
u	kunt/kan	mag	moet	wilt/wil	zult/zal
hij/zij/het	kan	mag	moet	wil	zal
wij	kunnen	mogen	moeten	willen	zullen
jullie	kunnen	mogen	moeten	willen	zullen
zij	kunnen	mogen	moeten	willen	zullen
	Past				
	kon	mocht	moest	wilde/wou	zou
	konden	mochten	moesten	wilden	zouden
	Past participle and auxiliary				
	gekund hebben	gemogen hebben	gemoeten hebben	gewild hebben	—

For three of these verbs, two alternative forms are in common use in the second person singular (**kan/kunt, wil/wilt, zal/zult**).

Word order

When a modal auxiliary is the conjugated verb in the sentence, the action verb—if it is expressed—is in the infinitive form and stands at the end of the clause:

Je mag hier niet roken.
You're not allowed to smoke here.

Hij kan zijn sleutels niet vinden.
He can't find his keys.

Wilt u dat even herhalen?
Will you repeat that?

14.1.2 **Meaning**

Modal verbs can have more than one meaning. In the past tense form, it often has a conditional meaning in the present tense (see those marked with an *).

14.1.3 **Kunnen = possibility or ability**

Ik kan niet gaan.	I cannot go.
Zij kan goed schrijven.	She can write well.
Konden jullie niet komen?	Couldn't you come?
Dat heeft zij nooit gekund.	She has never been able to.
***Dat kon wel eens moeilijk zijn.**	That could well be difficult.

14.1.4 **Mogen = permission or possibility**

Jij mocht niet gaan.
You were not allowed to go.

"Logic" would seem to call for the use of **hebben** in the perfect tense of modals such as **kunnen** or **mogen**. But when an action verb occurs in a sentence like this, occasionally you will hear someone say—influenced instead by the perfect auxiliary of this verb (**hij is gekomen, wij zijn gegaan**)—**hij is niet kunnen komen, wij zijn niet mogen gaan** and so on.

Mogen wij het zien?
May we see it?

Hij mag dat niet doen.
He must not do that.

*Mocht u hem spreken, zeg hem dat alles in orde is.
Should you (if you should) speak to him, tell him that everything is all right.

| 14.1.5 | **Moeten** = *obligation or certainty* |

Je moet het doen.   You must do it.

Moest jij ook werken?   Did you have to work too?

Ik moet nu weg.   I ought to/should go now.

Hij moet nog komen.   He hasn't come yet.

Zij moet het weten.   She must know it.

*Hij moest eens weten . . .   He ought to know . . .

| 14.1.6 | **Willen** = *desire* |

Wil je het even voor me doen?
Do you mind doing it for me?

Hij wilde (wou) het niet zeggen.
He did not want to say it.

Zij hebben het altijd gewild.
They always wanted to.

*Ik wou graag een kilo aardappelen hebben.
I would like (to have) a kilogram of potatoes.

| 14.1.7 | **Zullen** = *will/would/should* . . . |

Zullen we een kopje koffie gaan drinken?
Shall we go and have a cup of coffee?

Ik zal je wel even helpen.
I'll just come and help you.

Ze zullen wel niet thuis zijn.
They probably aren't at home.

Wie zal het zeggen?
Who can say?

Het zal je maar gebeuren.
Just imagine it happening to you.

***Zou ik een broodje kaas mogen?**
Could I have a cheese sandwich?

***Als ik een auto zou hebben, zou ik je naar huis brengen.**
If I had a car, I'd take you home.

14.1.8 Let's try it

Add the modal verb given in brackets:

1 Hij koopt morgen een boek, maar hij hoeft niet. (**mogen**)

2 Zij gaat op zaterdagochtend niet naar het postkantoor. (**kunnen**)

3 Wij posten onze brieven op een maandag als we willen dat ze op vrijdag aankomen. (**moeten**)

4 Zij verkochten hun oude auto en een nieuwe Jeep kopen. (**willen**)

5 Ik herinnerde me gisteren niet meer waar ik mijn sleutels had gelaten. (**kunnen**)

6 Jij maakt elke dag je huiswerk voordat je buiten speelt. (**moeten, mogen**)

7 Doe je dat even voor mij? (**willen**)

8 Gaan we straks ergens een hapje eten? (**zullen**)

9 Wij gebruiken een woordenboek bij dat examen. (**mogen**)

10 Zij is op dit moment nog niet thuis. (**zullen**)

14.2 The constructions *mogen van, moeten van* and *niet hoeven van*

This construction is hard to match in English, but it implies the actual or implied permitter of the action by **van**:

Dat mag je niet van moeder.
Mom says you are not allowed to do that.

Van wie mag (ik) dat niet?
Who says I can't do that?

Dat moet ik wel van mijn ouders.
My parents say I have to.

Van mij hoef je niet te komen.
As far as I am concerned you don't need to come.

Dat hoeft niet van mijn hospita.
My landlady says I don't have to.

14.3   Negation of modals

As is clear from the examples that follow, negation of **moeten** changes
the meaning:

Dutch	English	Dutch	English
Ik kan zwemmen.	I can swim.	**Ik kan niet zwemmen.**	I cannot swim.
Ik wil zwemmen.	I want to swim.	**Ik wil niet zwemmen.**	I do not want to swim.
Ik mag zwemmen.	I am allowed to swim.	**Ik mag niet zwemmen.**	I must not swim./ I'm not allowed to swim.
Ik moet zwemmen.	I must swim.	**Ik hoef niet te zwemmen.**	I do not have to swim.
		Ik moet niet zwemmen.	I shouldn't swim. (Or, in Belgium) I do not have to swim.

Note: **niet hoeven te** + infinitive means "not to have to + infinitive." This
verb is only used in negation or where negation is implied: **Ik hoef maar
drie keer** "I only have to do it three times" (and no more).

Te + infinitive comes at the end of the sentence.

14.3.1 Let's try it

Give a negative reply to the following questions:

Question	Answer
1 Moeten wij het binnenlandse nieuws lezen?	Nee, jullie _____.
2 Willen jullie het NRC?	Nee, wij _____.
3 Kan jij het kruiswoordraadsel van vandaag oplossen?	Nee, ik _____.
4 Mag ik jouw sportkatern lezen?	Nee, mijn sportkatern _____.
5 Zal zij vandaag komen?	Nee, zij _____.

14.4 Independent use of modals

Modal verbs can be used independently, without an action verb. The meaning of **gaan**, **komen** and **doen** is very frequently understood:

Ik kan het niet (doen).
I cannot do it.

Hij moet vroeg weg (gaan).
He must leave early.

Zij wil niet naar huis (gaan).
She does not want to go home.

Je mag niet naar binnen(gaan).
You may not come/go in.

Any of the modals can be used in an expression where they are introduced by **het** or **dat** and where the subject is merely implied:

Dat mag (niet).	That is (not) permitted.
Het kan (niet).	That is (not) possible.
Dat hoeft niet.	You do not need to do that./ That does not need to be done.
Het moet wel.	It can't be helped./ It must be done.

laten and other verbs used in association with an infinitive

Other verbs follow a similar pattern to that of the modal verbs and are followed by an infinitive.

The verb **laten** "to let" is used in the same type of construction and word order as modal auxiliaries:

1 In the meaning of "to have something done":

Ik laat mijn kamer behangen.
I have my room wallpapered.

Hij liet zijn haar knippen.
He had his hair cut/got a haircut.

Je moest je schoenen laten repareren.
You should have your shoes repaired.

2 In the meaning of English "let":

Hij laat me gaan.
He lets me go.

Zij wilden me niet laten eten.
They did not want to let me eat.

Laten we gaan!
Let's go!

3 Laten vallen, laten zien:

Hij heeft de borden laten vallen.
He dropped the plates.

Ze lieten me de nieuwe koelkast zien.
They showed me the new refrigerator.

Other verbs like **zitten, staan, komen, gaan, horen, zien** + action verb:

Morgen komen zij met ons spelen.
Tomorrow they're coming to play with us.

Ik hoor haar huilen.
I hear her crying.

Zij ziet ons lachen.
She sees us laughing.

Jullie gaan schaatsen.
You go out skating.

Hij zit te werken.
He is working.

Hij staat daar te lachen.
He stands there laughing.

14.6 Modal verbs, *laten* and other verbs with *(te)* + infinitive in past tenses

14.6.1 *Simple past*

De man wilde me waarschuwen.
The man wanted to warn me.

Kon je hem niet helpen?
Were you not able to help him?

U mocht hem niet storen.
You were not allowed to disturb him.

Wij moesten vijf minuten wachten.
We had to wait for five minutes.

Liet je de hond gisteren buiten spelen?
Did you let the dog play outside yesterday?

Ik hoorde hem lachen.
I heard him laughing.

Zij zag ons huilen.
She saw us crying.

Hij stond daar te lachen.
He stood there laughing.

Zij zat te werken.
She was working.

In the simple past, these verbs all follow the same pattern as that of the present tense.

14.6.2 *Perfect tenses*

These verbs in the perfect tense are not formed with the past participle, but with the infinitive. For verbs with **te** + infinitive, the **te** is dropped and they too are not formed with the past participle, but with the infinitive:

De man heeft me willen waarschuwen.
The man has wanted to warn me.

Heb je hem niet kunnen helpen?
Have you not been able to help him?

U heeft hem niet mogen storen.
You haven't been allowed to disturb him.

Wij hebben vijf minuten moeten wachten.
We have had to wait for five minutes.

Heb je de hond gisteren buiten laten spelen?
Did you let the dog play outside yesterday?

Ik heb hem horen lachen.
I have heard him laughing.

Zij heeft ons zien huilen.
She has seen us cry.

Hij heeft daar staan lachen.
He has been laughing over there.

Zij heeft zitten werken.
She has been working.

14.6.3 *Let's try it*

Rewrite the sentences in the simple past:

1 Wij willen een vakantie bespreken.

2 Hij moet een uur op de trein wachten.

3 Wij zullen hem even helpen.

4 Zij mag de test maandag doen.

5 Jij kan voor dinsdag een afspraak maken.

6 Ik hoor hem in de gang lopen.

7 Zij ligt in bed te lezen.

Rewrite the sentences in the present perfect:

1 Hij mag de pizza helemaal opeten.

2 Ik wil dit weekend dat dikke boek uitlezen.

3 Kan hij jullie helpen?

4 Op zaterdag laat hij zijn auto wassen.

5 Wij staan met z'n allen op jou te wachten!

6 Zij ziet ons lachen.

7 Gaan jullie elke dag wandelen?

 te + infinitive

Most other verbs require **te** before the infinitive:

Hij hoeft het niet te doen.
He does not have to do it.

Ik begin te schrijven.
I begin to write.

Wij probeerden het te zien.
We tried to see it.

Wij hebben geprobeerd het te zien.
We have tried to see it.

Wij hebben het proberen te zien.
We have tried to see it.

Chapter 15

The future, the continuous, the present participle and the infinitive

15.1 The future

There are three ways of expressing the future in Dutch: using the present tense, using the verb **gaan** or using the verb **zullen**.

15.1.1 The present tense

Dutch commonly expresses an expectation with the present tense of the verb when the idea of conjecture can be assumed, especially if an adverb of futurity makes this obvious:

Dat doe ik morgen.	I will do that tomorrow.
Zij komen pas later.	They won't come until later.
Volgend jaar trouwen we.	We will get married next year.

15.1.2 The verb gaan

The verb **gaan** is used to express intention in a construction analogous to the English "going to":

Dat ga ik morgen niet doen.
I'm not going to do that tomorrow.

Wanneer ga je dat boek lezen?
When are you going to read that book?

Zondag gaat ze t.v. kijken.
On Sunday she is going to watch TV.

Ik ga in Utrecht studeren.
I am going to study in Utrecht.

15
The
future, the
continuous,
the present
participle and
the infinitive

Gaan + infinitive is also used to indicate the beginning of an action. Although this meaning is not easy to distinguish from the above, the use of the past tense is possible here, but not when the meaning is one of pure intention:

Hij gaat aan tafel zitten.	He sits down at the table.
Zij ging weer liggen.	She lay down again.
Zij is weer gaan liggen.	

Sometimes, the distinction between these two uses of **gaan** can only be derived from the context:

Het gaat regenen.

Het gaat regenen, kijk eens naar die donkere wolken in de verte.
It is about to rain; look at those dark clouds in the distance. (intention)

Het gaat regenen, ik heb al enkele druppels gevoeld.
It is beginning to rain; I felt a few drops. (the beginning of an action)

15.1.3	*The verb* **zullen**

The verb **zullen** might be said to function as one in expressing conjecture, probability or inevitability. **zullen** is often used in a more formal way of expressing the future.

The conjugation of **zullen** in the present and past is:

ik	zal komen	ik	zou komen
	I will come		I would come
jij	zult, zal komen*	jij	
u	zult	u	zou† komen
hij/zij/het	zal	hij/zij/het	
wij	zullen	wij	zouden komen
jullie		jullie	
zij		zij	

---

* **Zal**: formal in Belgium, informal in the Netherlands.
† **Zoudt** is a form sometimes seen in older texts.

Zullen acts syntactically the same as all the modal verbs: the infinitive of the action verb normally stands at the end:

Ik zal het morgen doen.
I will do it tomorrow.

Wij zullen naar de stad moeten gaan.
We will have to go downtown.

De uitreiking van de diploma's zal morgenmiddag plaatsvinden.
The presentation of the certificates will take place tomorrow afternoon.

These past tense forms are used to express present but conditional meanings: exactly as they are in English:

Dat zou hij nooit doen.
That he would never do.

Zou je dat misschien voor me kunnen doen?
Would you perhaps be able to do that for me?

Eigenlijk moest het morgen klaar zijn.
It really ought to be ready tomorrow.

Ik wou graag wat citroenen hebben.
I would like to have some lemons.

Mocht hij dat toevallig niet weten, . . .
If by chance he shouldn't know that, . . .

Ik wou dat ik het kon!
I wish I could!

Other meanings of **zullen** include saying not what is necessarily true, but what is probably true right now. **Wel** or **vast** are used to indicate probability:

Dat zal wel erg moeilijk zijn.
That must be pretty hard.

Hij zal wel heel knap zijn.
He probably is quite smart.

Ze zullen dat vast gezien hebben.
They've no doubt seen that.

Dat zal wel.
Probably so.

An invitation:

Zullen we een kopje koffie gaan drinken?
Shall we have a cup of coffee?

A promise:

Ik zal je zeker helpen.
I will help you for sure.

Imagining oneself in a situation:

Je zult toch te laat op je eigen trouwerij komen!
Just imagine: arriving late at your own wedding.

Het zal je maar gebeuren.
Imagine if that happened to you.

Je zult maar met die vent getrouwd zijn!
Can you imagine being married to that guy?!

15.1.4 Let's try it

Rewrite the sentence by using the verb(s) in parentheses:

1 De trein vertrekt vandaag van spoor 8b. (**zullen**)

2 Het wordt een warme zomer. (**gaan**)

3 Ik geef je morgen je woordenboek terug. (**zullen**)

4 Ik mis je enorm. (**zullen/gaan**)

5 Dat gebeurt nooit! (**zullen**)

6 Hij moest in juli verhuizen. (**zullen**)

7 Wilden jullie samen met ons naar Nederland? (**zullen**)

15.2 The continuous

15.2.1 Progressive aspect

Another pitfall for speakers of English is the expression of the progressive aspect, which is equivalent to "-ing" forms in English but which never requires the present participle in Dutch. The most common indication that an action is specifically in progress (which is only one of the meanings of the English "progressive": consider a sentence such as "I'm getting up at six tomorrow") is:

zijn + **aan het** + infinitive of action verb

Wij zijn op dit moment aan het voetballen.
We are playing soccer at this moment.

Jouw moeder is vis aan het bakken.
Your mother is frying fish.

Ik ben aan 't schrijven.
I am writing.

Ik ben een brief aan 't schrijven.
I am writing a letter.

Ik ben een computerspelletje aan het spelen.
I am playing a computer game.

Hij is televisie aan het kijken.
He is watching TV.

Zij is aan het internetten.
She is on the Internet.

Another way to express an action in progress is with the expression **bezig zijn te** + infinitive or **bezig zijn met**:

Hij is bezig de klok te repareren.
                     met de reparatie van de klok.
He is repairing the clock.

15.2.2 Not in all tenses

Unlike English, Dutch does not have a progressive aspect in all tenses: **zijn** + **aan het** + infinitive action verb can be used in the simple present, simple past and the future tense, but not, for example, in the present perfect or past perfect; in those cases, we cannot use the **zijn** + **aan het** + infinitive action verb construction:

Zij is aan het voetballen.
She is playing soccer.

Hij was haring aan het eten.
He was eating herring.

15

The
future, the
continuous,
the present
participle and
the infinitive

We zullen aan 't reizen zijn, terwijl jij hier bent.
We will be travelling while you are here.

Je bent al lang aan het wachten.
You have been waiting for a long time.

Zij hadden al tien uur gereden, toen ze merkten dat ze hun bagage niet bij zich hadden.
They had been driving for ten hours, when they noticed they didn't have their luggage with them.

15.2.3 Verbs of position

A slightly different shade of meaning is indicated by phrases with verbs of position—which, however, should not be understood too literally in their dictionary meanings:

Zij zaten t.v. te kijken.
They were watching TV.

Hij ligt nog te slapen.
He is still sleeping.

Zij staan in de keuken te praten.
They are in the kitchen talking.

De sokken hangen te drogen.
The socks are drying.

15.2.4 Let's try it

Reply to the following with the words given in brackets.

Example: Q **Wat doet zij?** (zijn aan het/televisie kijken)
　　　　　A **Zij is televisie aan het kijken.**

1 Wat ben je aan het doen? (**zijn aan het/mijn schaatsen schoonmaken**)

2 Wat zaten jullie daar te doen? (**zitten/internetten**).

3 Wat was je aan het doen toen hij thuiskwam? (**zijn aan het/de was doen**)

4 Wat doen die mensen daar? (**staan/op Sinterklaas wachten**)

5 Waarom was je gisteren in het stad? (**zijn aan het/winkelen**).

6 Wat doe je nu? (**zijn aan het/de krant lezen**).

7 Waar is je vader mee bezig? (**bezig zijn te/het gras maaien**).

8 Wat doet die student daar op de grond? (**liggen/slapen**).

9 Wat doet hij? (**zitten/denken**).

10 Wat doen die studenten daar eigenlijk? (**zijn aan het/studeren voor een examen**).

15.3 The present participle

An equivalent to the "-ing" form also exists in Dutch, but is only used as an attributive adjective. Present participles in Dutch are formed by adding **-d(e)** to the infinitive:

De jongen kwam huilend binnen.
The boy came in crying.

Jij wordt slapend(e) rijk.
You're getting rich without even trying. (literally: while you are sleeping)

Wij gingen zingend(e) naar huis.
We went home singing.

Al doende leert men.
One learns (by) doing.

When used as an attributive adjective, it follows the rules of adjectives:

een slapende hond   a sleeping dog

Ik hoor een huilend kind.   I hear a crying child.

15.4 The infinitive

The Dutch infinitive can be used as an abstract noun, but always with neuter gender. It is then often equivalent to an English form in "-ing":

Reizen is altijd duur.   Travelling is always expensive.

Is roken hier verboden?   Is smoking prohibited here?

Summary of the forms of two typical verbs, *horen* and *vallen*.

Present	*hij hoort*	he hears
	hij valt	he falls
Past	*hij hoorde*	he heard
	hij viel	he fell
Pres. perf.	*hij heeft gehoord*	he has heard
	hij is gevallen	he has fallen
Past pef.	*hij had gehoord*	he had heard
	hij was gevallen	he had fallen
Future	*hij zal horen*	he will hear
	hij zal vallen	he will fall
Conditional	*hij zou horen*	he would hear
	hij zou vallen	he would fall
Future perf.	*hij zal gehoord hebben*	he will have heard
	hij zal gevallen zijn	he will have fallen
Cond. pef.	*hij zou gehoord hebben*	he would have heard
	hij zou gevallen zijn	he would have fallen
Infinitive	*horen*	to hear
	vallen	to fall
Past. part.	*gehoord*	heard
	gevallen	fallen
Pres. part.	*horende*	hearing
	vallende	falling

Chapter 16

Colloquial speech and writing

16.1 Particles

Natural colloquial usage, whether spoken or written, conveys not just factual information but also a variety of attitudes such as urgency, casualness, politeness or uncertainty. Of the many different ways in which we do this, one is by using words that do not so much add a meaning to the sentence as an attitude: by using *particles*.

An illustration:

	→	
Abrupt		*Less abrupt*
Put that package on the table!		*Just* put that package on the table.
Wait!		Wait *a second*.

Dutch does this—and to a far greater extent than English—by means of a rich assortment of particles. They are most often (but not necessarily) of one syllable, unstressed and stand in inconspicuous places in the sentence where they are easily overlooked:

Zou ik jouw mobieltje/gsm'etje *even* mogen gebruiken?
Could I use your cell phone *for a bit*?

Kunt u me *soms* de weg wijzen?
Can you *by any chance* show me the way?

Hoe heette die *ook al weer*?
What was his name *again*?

U hoeft *toch* niet helemaal naar het centrum.
After all, you don't need to go all the way downtown.

Ik wou graag *eens* een Hollandse boerderij bezoeken.
I'd like to visit a Dutch farm *sometime*.

Vandaag heb ik _eigenlijk_ helemaal geen zin.
I don't _really_ feel like it today.

Ben je _eigenlijk_ al in New York geweest?
Have you _actually_ been to New York?

Als je nu _eens_ opgelet had, had je het antwoord geweten.
If you had _just_ paid attention, you've have known the answer.

Kom _toch_ nog _maar even_ binnen.
Come on in a minute.

Houd je mond _nou eens_ dicht!
It's time you kept your mouth shut!

Je voelt je _zeker_ niet lekker?
You don't feel very well, do you?

Heb jij _dan_ je huiswerk niet gemaakt?
Have you really not done your homework?

Particles are especially tricky to explain because they can never be defined or translated in a straightforward fashion. But they are important, because they not only add shades of meaning but also contribute to the rhythm and cadence of natural speech. In this chapter, we will take a look at five of the most common of them: **eens**, **even**, **maar**, **toch** and **wel**.

16.1.1 Particles in imperative sentences

Particles have the general function of adding a tone that softens the abruptness of a command. A polite request often adds **eens**:

Kijk _eens_! Kom _eens_ kijken!
Just look! Come and have a look!

Wacht _eens even_.
Hold on a minute.

Drink je melk _eens_ op.
Go on, drink your milk.

Geef het zout _eens_ door.
Please pass the salt.

Geef _eens_ antwoord.
Come on, let's have an answer.

Mild encouragement or permission is conveyed with **maar**:

Begin _maar_ te eten, anders wordt het koud.
Go _ahead_ and start eating, otherwise the food will get cold.

Zeg _maar_ Anneke, hoor.
Call me Anneke, _please do._

Gaat u _maar_ zitten.
Please take a seat.

Kom _maar_ binnen.
Please come on in.

Ga _maar_ naar bed: ik ruim wel op.
Go on to bed, I'll clean up.

The word **even** adds a tone of casualness (as does our word "just") that suggests that only a short time is involved:

Kom _eens even_ hier.
Come over here _for a minute._

Wil je dit _even_ lezen?
Will you _take a moment_ to read this?

Hij vroeg of ze _even_ wilde tekenen.
He asked if she would _just_ sign.

Haal jij Lotte _even_ op?
Can you (swing by and) pick Lotte up?

Kunt u mij even helpen?
Can you help me _a moment_?

The word **toch** adds a tone of urgency or irritation:

Kom _toch_!
Come on, _for heaven's sake_!

Gaat u _toch_ zitten.
Please, take a seat.

Wees _toch_ niet zo bang!
Come on, don't be so afraid.

Hou _toch_ op!
It's time to stop that.

Zeg _toch_ ook eens wat!
Come on, say something.

16.1.2 Let's try it

Make the command according to the instructions between brackets:

Kom binnen. Eet je bord leeg.   (less abrupt)

Kijk in het woordenboek. Kom een keertje langs.   (mild encouragement)

Ga zitten. Bel hem op.   (casual)

Hou op! Ga weg!   (irritation)

16.1.3 Other uses of particles

These little words are also very common in declarative sentences and
questions:

eens, unstressed and in the Netherlands often spelled **'s** or **es**, adds something
like "sometimes" or "for a change":

Je hoort nog al eens iets over dit probleem.
Now and then you hear about that problem.

Hebt u dit al eens meer gedaan?
Have you *ever* done this before?

Ben je *wel eens* in Brussel geweest?
Have you *ever* been to Brussels?

even adds a sense of "just a moment" or simply softens the force of a
verb:

Zal ik morgen *even* komen?
Shall I *just* drop by tomorrow?

Ik bel u nog *even* over die rekening.
I'm *just* going to give you a call about that bill.

Ik zal *even* kijken of hij al thuis is.
I will *just* have a look to see if he is home yet.

eens even often occurs as a combination:

Mag ik *eens even* naar je knie kijken?
Let me *just* have a look at that knee.

Kom *eens even* hier.
Come on over here *for a moment.*

maar is also something like "just" often with a tone of "went ahead and"/or "something unwelcome":

Als het *maar* niet regent!
If it *just* doesn't rain!

Je doet *maar* wat je niet laten kunt.
Go ahead and do it, if you have to.

Ik at het *maar* op.
I just went ahead and ate it.

Ik zou *maar* een dikke jas aantrekken.
I'd advise wearing a heavy coat.

toch maar often occurs as a combination:

Doe *toch maar* wat de dokter zegt.
You'd better do what the doctor says.

Ik ga *toch maar* wel naar het congres.
I've decided to go to that conference *after all.*

wel (unstressed) expresses very mild reassurance:

Ze zullen vandaag *wel* komen.
They will *no doubt* come today.

Morgen maken we dat *wel* in orde.
We'll *just* fix that up tomorrow.

Ja, dat is *wel* zo, maar . . .
Yes, *it really is*, but . . .

wel (stressed) expresses the opposite of what was expected:

Nederlands is *wel* moeilijk, zeg. Dat had ik niet verwacht.
Say, Dutch is really hard. I hadn't expected that.

De pannenkoek was *wel* lekker. Zo lekker zag hij er helemaal niet uit.
The pancake really tasted good. It didn't look all that tasty.

wel (stressed) directly contradicts a negation:

Ik vind margarine niet lekker. Zij *wel*.
I don't like margarine. *She does.*

16.1.4 The word toch

toch (unstressed) = after all:

Dat heb ik je *toch* gisteren gezegd.
I told you that yesterday, *after all*.

Ik ga naar die mantels kijken. Ik sta hier nu *toch*.
I'm going to look at those coats. *After all* I'm right here anyway.

Hoe is het *toch* met je?
Well now, how are you?

toch (stressed) = an expressed or implied negative; nevertheless:

Het mocht niet, maar ze hebben het *toch* gedaan.
They weren't allowed to, but they did it *anyway*.

toch as a forceful confirmation following a negation:

Je gelooft het niet, maar het is *toch* waar.
You don't believe it, but it *really is* true.

Ik had geen hoop meer, maar ik heb het *toch* gevonden.
I had given up hope, but I found it *after all*.

Nee, dat kan helemaal niet. Jawel, het kan *toch*!
No, that can't be done at all. *Oh yes, it can!*

There are many more ways to use the particle toch, as in the following sentences:

Kijk *toch* uit: straks val je!
You'd better watch out, you're about to fall.

Let *toch* op: je hebt daar geen voorrang!
Hey, watch out! It's not your turn there (you don't have the right of way).

Ik was mijn portemonnee kwijt, dacht ik. Maar hij zat *toch* in mijn tas.
I thought I'd lost my wallet, but there it was in my purse.

Hij had beloofd te wachten, maar hij was *toch* al weg.
He said he'd wait, but it turned out he was already gone.

Ik ga *toch* naar Nederland.
I'm going to the Netherlands after all.

Hij rijdt *toch* met die auto, al is hij niet betrouwbaar.
He insists on driving that car, even though it's not reliable.

Je bent *toch* niet ziek?
You aren't sick, are you?

We hebben vandaag een test, *toch*?
We're having a test today, aren't we?

We komen *toch wel* op tijd?
We'll get there on time, won't we?

De bussen rijden *toch wel*?
The buses are in service, aren't they?

| 16.1.5 | *Let's try it*

Identify and explain the use of the particle(s):

1 Denk even rustig na.

2 Zal ik eerst even een kopje koffie halen?

3 Ga toch maar zitten.

4 Ben je al eens in het Rijksmuseum geweest?

5 Die zin is fout, toch?

6 Het zal allemaal wel goed komen.

7 Ik ga toch naar dat concert, hoewel ik het niet van plan was.

8 Hij wilde het niet geloven, maar het is toch echt zo.

9 Doe de deur toch dicht: het tocht hier!

10 De laatste trein is toch al weg?

16.2 Word order and combinations of particles

1 In a sentence, a particle normally stands before an indefinite or an indirect object but after a definite phrase:

Je moet *eens* een boek kopen.
You ought to buy a book *now and then*.

Je moet dat boek *eens* kopen.
You *really* ought to buy that book.

Ga _even_ een stoel halen.
Just go get a chair.

Ga die stoel _even_ halen.
Just go get that chair.

Gebruik dat woordenboek _maar even_.
Just go pick up that dictionary.

Gebruik _maar even_ een woordenboek.
Just use a dictionary.

Kijk _maar even_ in dat woordenboek.
Take a look in that dictionary.

2 Particles used in combinations:

Ik ga _eens even_ kijken.
I'll _just_ go have a look.

Wij willen _wel eens_ iets anders.
We want something different _for a change_.

Ik zou dat _maar eens even_ doen.
I'd _just go ahead_ and do that (if I were you).

Kijkt u _dan maar_ zelf.
Just take a look yourself.

Ga _toch maar eens even_ rustig zitten.
Just go sit quietly for a minute.

3 In addition to these particles, there are adverbs such as **al, dan, dus, nou, nu, ook, soms, zeker** and combinations of all these, that are used in similar ways. The way to learn how to use them is to observe the Dutch speakers and writers using them in conversations and readings. They all contribute to smoothness and naturalness.

| 16.2.1 | _Let's try it_

Put the particle given in brackets in the correct place in the sentence and make a guess as to what it could mean:

1 Je doet waar je zin in hebt. (**maar**)

2 Hij moet weg. (**even**)

3 Zij heeft het hem uiteindelijk gezegd. (**toch**)

4 Je hoeft je geen zorgen te maken. Het is afgewerkt. (**wel**)

5 Kom hier. (**eens**)

6 Jij hebt dat goed gedaan! (**maar, toch**)

7 Heb je in het donker geschaatst? (**eens, wel**)

16.3 Spoken language versus written language

In every language, some words and expressions are not written down exactly as we say them, because they are too informal when written. This habit indicates that there is still a gap between spoken and written language, although it has become smaller:

Written	Spoken
entire	whole
to purchase	to buy
I am going to go home.	I'm gonna go home.
the man with whom I went	the man I went with
Can you obtain a copy?	Can you get (hold of) a copy?

Dutch has a very clear-cut distinction between "written" and "spoken" language, especially if the writing is formal. As in English, that distinction is becoming less widely used. It can be said, however, that many words and sentence structures are not used in the spoken language.

The distinctions between written and spoken language do not necessarily deal with word usage. There are also distinctions in syntax or grammar:

Written	Spoken
Het valt niet mee die deur te openen.	**Het valt niet mee om die deur te openen.**
Deze tas is de mijne.	**Deze tas is van mij.**
De man met wie ik stond te praten, . . .	**De man waarmee ik stond te praten, . . .**
In Nederland wonen veel mensen.	**In Nederland wonen er veel mensen.**

Een vriend van mij komt
vandaag eten.

Er komt vandaag een vriend
van me eten.

We zien elkaar donderdag.

We zien mekaar donderdag.

Het komt echter zelden voor.

Maar het komt niet vaak voor.

Aangezien u niet op tijd
aanwezig was, . . .

Omdat u er niet op tijd was, . . .

Ofschoon het een compromis
was, . . .

Hoewel het een compromis
was, . . .

Opdat alles goed functioneert,
dient u de computer af te
sluiten en op te starten.

Om alles goed te laten
werken, moet u de computer
afsluiten en opstarten.

Ik was doodmoe, desalniettemin
bleef ik werken.

Ik was doodmoe, maar toch
bleef ik werken.

Chapter 17

Separable and inseparable prefixes

17.1 **Stressed separable prefixes**

Large numbers of Dutch verbs are regularly accompanied by an adverb prefix, which in some way modifies the basic meaning of the verb. Generally, these prefixes are stressed and are distinct in function from the unstressed prefixes (**be-, ver-, ge-, er-, her-, ont-**).

1 Verbs with such a stressed prefix are separable verbs, and they have an independent meaning as adverbs or prepositions and the modification they bring about in the verb is often rather obvious as a combination of prefix plus verb:

binnen (inside) + **komen** (to come) = **binnenkomen**
(to come in)

op (up) + **staan** (to stand) = **opstaan** (to get up)

over (over) + **stappen** (to step) = **overstappen** (to transfer)

uit (out) + **geven** (to give) = **uitgeven**
(to publish, spend)

met (with) + **gaan** (to go) = **meegaan** (to go along)

2 In many other cases, however, the meaning of the combination is not so obviously the sum of the two parts:

door (through) + **brengen** = **doorbrengen**
(to bring) (to spend time)

af (off) + **spreken** = **afspreken**
(to speak) (to make an appointment)

aan (on) + **steken** (to stick) = **aansteken**
(to light, turn on)

3 Some prefixes are not adverbs or prepositions when used
independently and some have no use other than as a prefix:

geluk (fortune) + **wensen** (to wish) = **gelukwensen**
(to congratulate)

teleur + **stellen** (to place) = **teleurstellen**
(not used independently) (to disappoint)

Literally thousands of such combinations are possible in Dutch and
the meanings of probably the majority of them are not difficult to
guess. Certain usages have become established in the language,
however, and new combinations of prefix and verb cannot be made up
arbitrarily. Verbs like the above are always listed in vocabularies and
dictionaries under the prefix.

17.2 Separable verbs in the sentence

17.2.1 Infinitive

The prefix is written with the infinitive as one word. It moves towards the
end of the sentence:

Hij moet het geld *aannemen*.
He must accept the money.

Mag ik u mijn vrouw *voorstellen*?
May I introduce my wife to you?

Ik zal je later *opbellen*.
I will call you up later.

17.2.2 Conjugated in main clause

The verbal part and the prefix are split when an auxiliary verb is not
used, with the prefix moving toward the end of the sentence:

Ik *neem* geen geld van hem *aan*.
I will accept no money from him.

Zij *gingen* gisteren met ons *mee*.
They went along with us yesterday.

Waar *brengt* u uw vakantie dit jaar *door*?
Where are you spending your vacation this year?

Doe het licht *aan*!
Turn the light on!

17.2.3 Conjugated in dependent clause

The two parts are written once again as one word, at the end of the dependent clause:

Ik heb je gezegd dat hij mij *aankeek*.
I've told you he looked at me.

Hij is altijd moe als hij *thuiskomt*.
He is always tired when he gets home.

Zij is blij omdat zij erg naar de vakantie *uitkijkt*.
She is happy because she is eagerly looking forward to the vacation.

Wij vonden dat hij alles snel had *opgegeten*.
We thought he always ate everything fast.

17.2.4 Present/past perfect

The past participle at the end of the sentence is one word, but the ge- comes between the prefix and the verbal part:

Hij *heeft* het geld *aangenomen*.
He accepted the money.

Ik *ben* vandaag vroeg *opgestaan*.
I got up early today.

Wij *hebben* een week in Parijs *doorgebracht*.
We spent a week in Paris.

Dat *heb* ik u niet *aanbevolen*.*
I didn't recommend that to you.

---

* Here the **ge-** is, of course, dropped, because the verb begins with unstressed **be-**.

17.2.5 Te + *separable verb infinitive*

The **te** comes in between the two parts of the separable verb and each of the words is separated from the other. They move to the end of the sentence: prefix + **te** + verbal part:

Zij hopen het boek volgend jaar *uit te geven*.
They hope to publish their book next year.

Hij probeert het licht *aan te steken*.
He is trying to turn on the light.

U hoeft niet mee *te gaan*.
You don't have to go.

Hij zat heel diep *na te denken*.
He was thinking very hard.

17.2.6 Let's try it

Rewrite the separable verb in the appropriate form.

1 Hij wil niet (**instappen**).

2 Wanneer (**aankomen**) zij?

3 (**dichtdoen**) de deur!

4 Ik (**waarschuwen**) je: (**nadenken**) goed!

5 Hij (**wegrijden**) gisteren zonder te betalen.

6 Hoeveel vertraging (**oplopen**) jullie op die reis?

7 Wil je dat boek even (**neerleggen**)?

8 Ze (**toekennen**) hem vorig jaar die beurs.

9 De buren (**uitnodigen**) ons voor hun gouden bruiloftsfeest.

10 De hele vakantie (**opstaan**) ik niet voor 10 uur.

11 Wie (**opbellen**) je vanmorgen?

12 Vroeger (**afspreken**) zij altijd op vrijdagavond in de stad.

17.3 Inseparable prefixes

Many verbs have prefixes that are identical with the separable prefixes, but which are unstressed and inseparable:

Ik hoop zo een ongeluk te *voorkomen*.
I hope to prevent such a misfortune.

Zij *ondergaat* een operatie.
She is undergoing an operation.

Hij *ondernam* een lange reis.
He undertook a long journey.

Ons voorstel hebben ze niet *aanvaard*.
They didn't accept our proposal.

Hij heeft zijn invloed over*schat*.
He overestimated his influence.

Note: There are a few verbs that have two forms: a separable and an inseparable form, depending on the stress. Their meanings differ as well:

De zon *gaat onder*.
The sun goes down.

Zij *ondergaat* een operatie.
She is undergoing an operation.

Een zonsverduistering *komt* niet vaak *voor*.
An eclipse doesn't take place very often.

Hij kon de explosie *voorkomen*.
He was able to prevent the explosion.

17.4 Stressed inseparable prefixes

Some verbs have an accented prefix that is not separated; these are, however, insignificant in number compared to the separable verbs:

Wilt u me even *waarschuwen*?
Will you let me know?

Ik *stofzuigde* de kamer.
I vacuumed the room.

Hebt u al het woordenboek *geraadpleegd*?
Have you already consulted the dictionary?

17.4.1 *Let's try it*

What is the meaning of the separable and of the inseparable verb? Which is which?

1 <u>door</u>zoeken; door<u>zoe</u>ken

   a Ga jij maar naar huis. Ik zal het huis wel verder doorzoeken.
   b Ik weet dat het al laat is, maar we zijn bijna klaar. Kan je nog wat doorzoeken?

2 <u>on</u>dergaan; onder<u>gaan</u>

   a De vijand moest wel ondergaan toen er zoveel soldaten waren gedeserteerd.
   b De vijand moest een hele reeks folteringen ondergaan.

3 <u>voo</u>rkomen; voor<u>ko</u>men

   a Kan hij zo'n ramp voorkomen?
   b Kan zo'n ramp voorkomen?

4 <u>door</u>lopen; door<u>lo</u>pen

   a U kunt hier nog een eindje doorlopen.
   b Voor zijn presentatie wil hij zijn aantekeningen nog eens doorlopen.

5 <u>o</u>verdrijven; over<u>drij</u>ven

   a Je moet niet zo overdrijven!
   b Volgens mij gaat die onweersbui overdrijven.

6 <u>o</u>verstromen; over<u>stro</u>men

   a De vele regen heeft ervoor gezorgd dat het land is overstroomd.
   b Ga de kraan dichtdoen! Ik hoor het bad overstromen.

7 <u>o</u>verkomen; over<u>ko</u>men

   a Dat kan de beste overkomen.
   b Zij zullen volgend jaar overkomen.

8 <u>om</u>kleden; om<u>kle</u>den

   a Je moet dat met redenen omkleden.
   b Ze gingen zich eerst omkleden voor ze naar het feestje gingen.

Chapter 18

Conjunctions and relative pronouns

A conjunction is a word that serves to introduce a clause and connect it to an accompanying clause. There are two types of conjunction: coordinating conjunctions and subordinating conjunctions. Dutch conjunctions call for a different type of word order for each of them.

18.1 Coordinating conjunctions

These are conjunctions that connect two equal clauses. The word order is the same as that of a main clause and the coordinating conjunction does not change the word order at all. The coordinating conjunctions in Dutch are: **en, of** [= or], **want, maar:**

Hij komt binnen en (hij) leest de krant.
He comes in and reads the paper.

Heb jij geld of zal ik het betalen?
Do you have money or shall I pay?

Ik zal het betalen, want ik heb geld genoeg.
I will pay, because I have enough money.

Hij gaf me de rekening, maar ik had geen geld.
He gave me the bill, but I had no money.

18.2 Subordinating conjunctions

These are conjunctions that connect two clauses of unequal standing: a main clause with a dependent clause.

| 18.2.1 | *Word order* |

A larger number of conjunctions require the conjugated verb to be placed at the end of the clause they introduce. This clause is said to be subordinate to the other, "main" clause, and is introduced by a subordinating conjunction:

Ik weet *dat hij veel vrienden heeft.*
I know *he has a lot of friends.*

Zij zag *dat hij het niet begreep.*
She noticed *he didn't understand.*

Wij vinden *dat het mooi weer is.*
We think *it's nice weather.*

Zij vragen *of wij overmorgen meegaan.*
They are asking *whether we are going along the day after tomorrow.*

Ik ga mee, *hoewel ik niet veel tijd heb.*
I will come along, *although I do not have much time.*

Ik kwam terug, *omdat ik het niet vond.*
I returned, *because I did not find it.*

Ik zal je helpen, *als je 't me vraagt.*
I will help you, *if you ask me.*

Hij had geen auto *toen hij in de stad woonde.*
He had no car *when he lived in town.*

Ik luisterde naar de radio *terwijl ik de krant las.*
I listened to the radio *while I read the paper.*

Note: In the first three examples, the English could have been "I know that he has ...," "She noticed that he ...," "We think that it's ..." While we can often omit the conjunction "that," notice that in Dutch the conjunction **dat** can never be omitted.

The conjugated verb placed at the end of the clause comes before the infinitive, if one is included:

Hij komt niet, *omdat hij vandaag moet werken.*
He is not coming, *because he has to work today.*

Zij zei *dat ze het niet kon vinden.*
She said *that she couldn't find it.*

Ik vraag me af *of hij zich liet scheren.*
I wonder *if he got a shave.*

Mijn ouders zeiden *dat ze een monteur lieten komen.*
My parents said *they had a repairman come.*

18.2.2 More on word order

The conjugated verb placed at the end of the clause comes before or after
the past participle, if one is included:

Zij zei dat ze het niet heeft gevonden/gevonden heeft.
She said that she hasn't found it.

**Nu al de gasten aangekomen zijn/ zijn aangekomen, kunnen
we aan tafel gaan.**
Now that all the guests have arrived, we can go to the table.

Note: When the subordinate clause comes first, the word order of the
subordinate clause itself remains the same as the above, but the order of
the subject and verb of the main clause is reversed (so the verb will stand
before the subject):

Omdat ik het niet vond, kwam ik terug.
Because I didn't find it, I returned.

Als je 't me vraagt, zal ik je helpen.
If you ask me, I will help.

Toen hij in de stad woonde, had hij geen auto.
When he lived in town, he had no car.

18.2.3 Meanings

The subordinate conjunctions must be learned with particular care as "the
words that put the verb at the end of the clause," since subordinate word
order is an entirely strange feature to speakers of English. The most common
subordinating conjunctions in Dutch are:

aangezien	in view of the fact that	**sinds**	since
als	if, when	**terwijl**	while
dat	that	**toen**	when

hoewel	although	**totdat**	until
nadat	after	**voordat**	before
nu	now that	**zodat**	so that
of	whether, if	**zodra**	as soon as
omdat	because	**zolang**	as long as

Several conjunctions belong almost exclusively to the written language:

daar	because	**tot**	until
ofschoon	although	**voor**	before
opdat	in order that		

Note: Several of the subordinating conjunctions have a form identical with other conjunctions or other parts of speech and can be distinguished by the word order of the clause.

Of = or [= coordinating conjunction]; whether [= subordinating conjunction]:

Komt hij mee, of blijft hij thuis?
Is he coming along or is he staying at home?

Ik weet niet *of hij meekomt*.
I don't know *whether he is coming along*.

Als = as [= adverb]; when [= subordinating conjunction]; **Toen** = then [= adverb]; when [= subordinating conjunction]:

Ik zal het doen, *als ik het kan*.
I will do it, *if I can*.

Als student hoef ik niet veel te betalen.
As a student, I don't need to pay much.

***Als hij kijkt*, bloost zij.**
When he looks at her, she blushes.

***Toen hij jong was*, las hij veel.**
When he was young he read a lot.

Ik ging eerst naar Leiden en dan naar Den Haag.
I first went to Leiden, and then to The Hague.

Als is used when one event is referred to in the present or future tense. Toen is used for the past tense only.

Subordinating conjunctions

18.2.4 Question words

In indirect questions, conjunctions introduce a clause that takes the form of a subordinating clause:

Weet je *wanneer hij komt?*
Do you know *when he's coming?*

Ik weet niet *wie die mensen zijn.*
I don't know *who these people are.*

Hij heeft niet gezegd *waarom hij het vandaag niet kan doen.*
He didn't say *why he can't do it today.*

18.2.5 Let's try it

Finish the sentences by means of the conjunction:

1 Hij werkte de hele dag hoewel _____. **(Hij was ziek)**

2 Die beeldhouwer werkt het liefst met marmer sinds _____. **(hij heeft in Italië gestudeerd)**

3 Van Goghs schilderijen brengen zoveel geld op nu _____. **(hij is over de hele wereld bekend)**

4 Wij vroegen haar niets over dit boek omdat _____. **(zij houdt niet van die schrijver)**

5 Zij laat het boek pas verschijnen nadat _____. **(alle personen zijn gestorven)**

6 Weet u toevallig of _____? **(er hangen veel schilderijen van Van Gogh in het Kröller Müller museum)**

7 Hij schilderde maar door hoewel _____. **(niemand vond zijn schilderijen mooi)**

8 Wij kunnen veel over de tijd van Vermeer leren in zijn schilderijen terwijl _____. **(er is bijna niets bekend over zijn leven)**

9 Ik weet niet of _____. **(je houdt van Rubens' schilderijen)**

10 Ik had een gevoel van herkenning toen _____. **(ik zag Magrittes werk)**

Relative pronouns

A relative pronoun introduces a clause that gives additional information about something/someone [= antecedent], mentioned in the preceding clause.

The relative pronoun can take different forms, depending on the antecedent.

Regular forms

Antecedent → ↓	Singular	Plural
Common gender	**die**	**die**
Neuter gender	**dat**	**die**

De man *die u gisteren ontmoette*, heet Bakker.
The man *(whom) you met yesterday* is called Bakker.

Kent u de mensen *die daar wonen*?
Do you know the people *who live there*?

Dat is het huis *dat ik gekocht heb/heb gekocht*.
That is the house *(that) I bought.*

Note: A relative pronoun is *not* optional in Dutch, as it is in English!

Let's try it

Fill in: **die** or **dat**?

1   Die paarse auto _____ daar rijdt, is een Smart.

2   Ik zie een man _____ twee jaar in Brussel heeft gewoond.

3   Ik heb een woordenboek _____ heel erg goed is.

4   Gebruiken jullie een computer _____ al meer dan tien jaar oud is?

5   Hij heeft een huis _____ in de zeventiende eeuw gebouwd is.

6   Op deze plank staan alle boeken _____ ik nog niet gelezen heb.

7   Begrijp jij alle woorden _____ in deze tekst staan?

8   Dat is nu zo'n vraag _____ ik niet kan beantwoorden.

| 18.3.3 | *Preposition + antecedent* |

Antecedent →	Singular	Plural
Person	preposition + **wie**	preposition + **wie**
Non-person	**waar** + preposition	**waar** + preposition

De man *met wie ik gisteren praatte*, is mijn vader.
The man *with whom I talked yesterday* is my father.

De kinderen *voor wie wij speelgoed kochten*, waren haar neefjes.
The children *for whom we bought toys* were her nephews.

Het mes *waarmee jij het vlees sneed*, is zoek.
The knife *with which you cut the meat* is missing.

De bus *waarin jullie in Nederland rondreden*, liep op diesel.
The bus *in which you rode around in the Netherlands* used diesel.

Note: The four examples above would sound much more natural in English if we said "the man I talked to yesterday," "the children we bought toys for," "the knife you cut the meat with," "the bus you rode around in," but Dutch does not have the option of this way of placing the preposition.

| 18.3.4 | *Let's try it* |

Fill in: **waar** + preposititon or preposititon + **wie**:

1   De studenten _____ hij zit te praten, komen allemaal uit de Verenigde Staten.

2   De auto _____ wij naar Canada gaan, is vorige week helemaal nagekeken.

3   Het liedje _____ wij luisterden, was een grote hit in de jaren tachtig.

4   Dat is een vrouw _____ ik heel graag een keer van gedachten wil wisselen.

5   Dat is een naslagwerk _____ ik niets kan vinden.

6   Zij heeft een vriendin _____ zij altijd op vakantie gaat.

7   Vanavond is er op tv een documentaire _____ ik heel graag wil kijken.

8   Hij heeft een tafel gekocht _____ je heel gemakkelijk kunt werken.

18.3.5 Wat

Wat is a relative pronoun when the antecedent is:

• not expressed
• when the clause refers to an entire idea
• after some indefinite pronouns.

> **Ik kan niet krijgen *wat ik nodig heb.***
> I can't get *what I need.*

> **Hij kan niet komen, *wat wij erg jammer vinden.***
> He can't come, *which we think is too bad.*

> **Nu heb ik alles *wat ik nodig heb.***
> Now I have *everything I need.*

> **Dat was iets *wat ik al wist.***
> That was *something I already knew.*

18.3.6 Let's try it

Underline the antecedent in the following sentences and explain the use of the relative pronoun:

1   Het gebouw, dat getekend werd door Victor Horta, is gewoon prachtig.

2   Rembrandt is arm gestorven, wat ik erg triest vind.

3   Ze namen hem alles af wat voor hem van belang geweest was.

4   De beeldhouwer bij wie we een buste besteld hadden, is ondertussen gestorven.

5   Het schilderij waarvan we een poster hebben, is gisteren uit het Rijksmuseum gestolen.

Chapter 19

Prepositions

Many of the commonest prepositions have been used in preceding chapters. But prepositions can be difficult (in any language), because they often do not "feel" logical and Dutch is no exception. The best way to learn them is to read a lot, try to use them in writing and speaking and just memorize them.

19.1 Most commonly used prepositions

aan	at	**met**	with	**te**	to
achter	behind	**na**	after	**tegen**	against
beneden	below	**naar**	toward	**tegenover**	opposite
bij	at, with	**naast**	next to	**tot**	up to
binnen	inside of	**om**	around	**tussen**	between
boven	above	**onder**	under	**uit**	out of
buiten	outside of	**op**	on	**van**	from
door	through	**over**	over	**voor**	for
in	in	**rond(om)**	around	**vóór**	in front of
langs	along	**sinds**	since	**zonder**	without

You will find several more in advanced grammars.

aan, bij, in, om, op, over, van and **voor** are the most likely to have idiomatic, unpredictable meanings:

- *aan*:

  Hij doof aan één oor.
  He is deaf in one ear.

Ik ben nu aan het werk.
I'm at work now.

In Africa is op veel plaatsen gebrek aan water.
In many places in Africa there is a lack of water.

Wij brachten vorig jaar een bezoek aan het oudste museum van Nederland.
Last year we paid a visit to the oldest museum in the Netherlands.

Na de orkaan was er grote behoefte aan vers water.
Following the hurricane there was a great need for fresh water.

- *bij*:

  Zij moet morgen bij de tandarts zijn.
  She has to go to the dentist's tomorrow.

  Ik heb alleen een kleine tas bij me.
  I only have a small bag with me.

  Bij ons thuis dronken we altijd om drie uur een kopje thee.
  At our place we always had a cup of tea at three o'clock.

  Bij deze temperatuur kan ik niet werken.
  I can't work in a temperature like this.

  Bij slecht weer kruipt onze hond altijd in een donker hoekje.
  In bad weather our dog always crawls into a dark corner.

- *in*:

  Deze week is de koffie in de aanbieding.
  This week coffee is on sale.

  Ik zag haar gisteren in de trein.
  Yesterday I saw her on the train.

  Ik heb mijn tas in de bus laten liggen.
  I left my bag on the bus.

  We gaan in twee dagen verhuizen.
  We're going to be moving in two days.

  In de oorlog woonde hij in Amsterdam.
  During the war he lived in Amsterdam.

  Zij is in gesprek met haar buurvrouw.
  She is in a conversation with her neighbor.

- *met*:

Met Pasen eet ik altijd veel te veel paaseitjes.
At Easter I always eat too many Easter eggs.

Je moet nu eens ophouden met dat gezeur!
It's time to stop that whining!

Gaan jullie met z'n tweeën naar de opera?
Are the two of you going to the opera together?

Hij is er deze week niet: hij is met vakantie naar Europa.
He isn't here this week. He's on vacation in Europe.

Zij zijn met z'n tweeën.
There are two of them; they're a twosome

Wij zijn met ons drieën.
There are three of us; we're a threesome.

Gefeliciteerd met je verjaardag!
Happy birthday!

Met Van den Berg!
Van den Berg speaking! (answering the phone)

- *om*:

lood om oud ijzer.
Six of one and a half dozen of the other.

Om twee uur begint de eerste filmvoorstelling.
The first showing of the film starts at two o'clock.

Deze conferentie wordt om het jaar georganiseerd.
This conference is organized every other year.

Om die reden gaan we over een jaar naar België.
For that reason we're going to Belgium next year.

Hoe laat vertrek jij? Om negen uur.
At what time do you leave? At nine o'clock.

- *op*:

Hij zit nog op school.
He's still in school.

Wij zijn elkaar op het feest weer tegengekomen.
We met at the party.

Mijn moeder kookt electrisch, maar ik kook het liefst op gas.
My mother has an electric stove, but I prefer to cook with gas.

Alle stoute kinderen moesten vroeger op de gang staan.
It used to be that all naughty children had to stand out in the hall.

- *over*:

  ze hebben het over ...   they're talking about ...

  Over 50 jaar weet niemand meer wat een typemachine is.
  In 50 years, nobody will know what a typewriter is any more.

  Je kunt deze bus gerust nemen. Hij rijdt over Apeldoorn.
  You can take this bus. It goes via Apeldoorn.

vrijdag over een week	a week from Friday
over veertien dagen	in two weeks
over een maand of drie	in two or three months
Het is kwart over drie.	It is three fifteen.

- *tegen*:

  tegen die tijd   toward that time

  Hij zei tegen mij dat de wedstrijd afgelast is.
  He told me (said to me) that the competition has been canceled.

  Hij komt tegen zeven uur.
  He will be here at about seven o'clock.

  Wij komen tegen de avond wel even langs.
  We'll drop by for a moment towards evening.

  Tegen die tijd moet je mij maar even waarschuwen.
  Let me know around that time.

- *tussen*:

Note that the preposition that usually means "between" is sometimes used with a singular noun:

  De stoel staat tussen de tafel en het raam.
  The chair is between the table and the window.

  Zij eet elke dag tussen de middag een kop soep.
  Every day around noon she has a cup of soup.

  Mijn jas zat tussen de deur.
  My coat was (caught) between the door and the frame.

- *van*:

Slaagt hij voor zijn examen? Ik denk van wel.
Will he pass his exam? I think so.

Wij zijn van plan volgend jaar naar Vietnam te gaan.
We plan to go to Vietnam next year.

Een mens kan nu eenmaal niet van brood alleen leven.
Man cannot live by bread alone.

Hebt u terug van 25 euro?
Do you have change for 25 euros?

van de week   this week

Hier is mijn krant. Die van jou is daar.
Here is my newspaper. Yours is there.

- *voor*:

Ik heb de studenten stuk voor stuk een beurt gegeven.
I took all the students in turn, one by one.

De koeien gaan een voor een de schuur in.
The cows go into the barn one by one.

Ik voor mij weet het niet zeker.
As for me, I don't know for sure.

Hij is er doof voor.
He turns a deaf ear to it.

Wat voor een auto hebben jullie?
What kind of a car do you have?

Voor drie jaar woonde zij nog in een studentenflat.
Three years ago she was still living in a student apartment.

Voor mijn part ga je nu naar huis.
As far as I'm concerned you can go home now.

19.2 Verb + preposition

Many verbs are commonly used together with a particular preposition, the selection of which is not predictable from a knowledge of English. These combinations can only be learned individually.

A few examples of verbs with their most usual preposition:

Zij hebben het *over* het weer.
They are talking about the weather.

Zij wacht al een uur *op* me.
She has been waiting for me for an hour.

Hij vraagt *om* het adres.
He asks for the address.

Lach je *om* het t.v.-programma?
Are you laughing at the TV program?

Ik denk niet vaak *aan* haar.
I don't think of/about her often.

Denk *om* je moeder!
Remember your mother!

De duinen bestaan hoofdzakelijk *uit* zand.
The dunes consist mostly of sand.

Ik houd niet *van* sinaasappels.
I don't like oranges.

Zij lijkt *op* haar moeder.
She looks like her mother.

Dat zei hij niet *tegen* mij.
He didn't say that to me/tell me that.

Wij kijken *naar* de film.
We are at the film.

Zij kijkt *op* de klok.
She looks at the clock.

Ik zoek *naar* mijn overhemd.
I'm looking for my shirt.

| 19.2.1 | *Some more examples*

- *antwoorden op* iets:

  Hij antwoordt op de vraag van een van de journalisten.
  He responds to the question from one of the journalists.

- *afhangen van*:

  Dat hangt van de omstandigheden af.
  That depends on the circumstances.

  Dat hangt ervan af.
  That depends.

- *beginnen aan* iets:

  Daar begin ik niet aan.
  I won't have anything to do with that.

- *beginnen met* iets:

  Volgende week beginnen zij met de verbouwing.
  Next week they'll start construction.

- *denken over*:

  Ik denk erover volgend jaar naar Europa te gaan.
  I'm thinking about going to Europe next year.

- *geloven aan*:

  Toen ik zes was, geloofde ik nog aan Sinterklaas.
  When I was six I still believed in St. Nicholas.

- *geloven in*:

  Ik geloof heilig in zijn laatste plan.
  I'm a fervent believer in his latest plan.

  Hij gelooft niet meer in God.
  He no longer believes in God.

- *genieten van*:

  Vandaag konden we genieten van een lekker zonnetje.
  Today we were able to enjoy some nice sunshine.

- *geven aan*:

  Kunt u dat aan hem geven?
  Would you pass this on to him?

- *herinneren aan* iemand/iets:

  Mag ik u eraan herinneren dat we volgende week een afspraak hebben?
  May I remind you that we have an appointment next week?

- *zich interesseren voor*:

  Zij interesseert zich erg voor de Nederlandse schilderkunst.
  She is very interested in Dutch painting.

- *luisteren naar*:

  Jullie luisteren zeker vaak naar deze radiozender?
  You probably listen to this radio station a lot, don't you?

- *raden naar*:

  Kun je raden naar de betekenis van dit woord?
  Can you guess the meaning of this word?

- *slagen voor*:

  Hij is de eerste keer niet voor zijn rijexamen geslaagd.
  He didn't pass his driving test the first time.

- *twijfelen aan*:

  Er wordt aan zijn woorden getwijfeld.
  There is some doubt about what he says.

- *zich vergissen in*:

  Ik heb me erg in hem vergist.
  I badly misjudged him.

- *zich verheugen op*:

  Het meisje verheugt zich erg op het bezoek van haar grootouders.
  The girl is looking forward eagerly to her grandparents' visit.

- *voorzien van*:

  De professor heeft die scriptie voor<u>zien</u> van commentaar.
  The professor provided that paper with commentary.

- *wachten op*:

  Wij zitten al uren op je te wachten!
  We've been waiting for you for hours!

- *zoeken naar*:

  Ik zoek al uren naar mijn woordenboek.
  I've been looking for my dictionary for hours.

19.3   Noun or adjective + preposition

- *behoefte hebben aan*:

  Zij hebben grote behoefte aan privacy.
  They have quite a need for privacy.

- *blij zijn om* iets:

  Ik was blij om mijn moeder.
  I was happy for my mother.

- *boos zijn op*:

  Hij was boos op zichzelf.
  He was mad at himself.

- *het eens zijn met*:

  De Tweede Kamer is het niet eens met de minister van justitie.
  Parliament doesn't agree with the justice minister.

- *gek zijn op*:

  Veel Nederlanders zijn gek op drop.
  A lot of Dutch people are crazy about liquorice.

- *gelijk hebben aan* iets:

  Daar heb je helemaal gelijk aan.
  You're entirely right about that.

- *kwaad zijn op*:

  Zijn moeder kan nooit lang kwaad op hem blijven.
  His mother can never stay angry with him for long.

- *nieuwsgierig naar*:

  Wij zijn erg nieuwsgierig naar onze nieuwe buren.
  We're very curious about our new neighbors.

- *spijt hebben krijgen van*:

  Je zult er geen spijt van krijgen.
  You won't be sorry about that.

- *trek hebben in*:

  Ik heb trek in iets hartigs.
  I feel like a tasty snack.

- *zin hebben in*:

  Hebben jullie ook zo'n zin in een ijsje?
  Are you hungry for some ice cream, too?

19.4 er + preposition

Zij hadden veel moeite met de uitspraak.
They had a lot of trouble with the pronunciation.

Zij hadden er veel moeite mee.
They had a lot of trouble with it.

Wij hebben uren op de post gewacht.
We waited hours for the mail.

Wij hebben er uren op gewacht.
We waited hours for it.

For further explanation on the use of the word **er**, see Chapter 21.

19.5 Preposition follows noun

This is an indication that direction rather than position is being emphasized:

- in de stad "in the city":

  Je kunt dit soort restaurants alleen in de stad vinden.
  You can only find this kind of restaurant in town.

- de stad in "into the city, downtown":

De dagen voor Kerst gaan veel mensen de stad in om inkopen te doen.
In the days before Christmas, a lot of people go downtown to shop.

Er hing een lichte mist over de gracht.
A light fog hung over the canal.

Voor die winkel moet u de brug/gracht over.
To get to that store you have to go over the bridge.

- om de hoek (place) "around the corner":

Het stadhuis is om de hoek.
The city hall is around the corner.

- de hoek om (going) "around the corner":

U gaat daar de hoek om en het stadhuis ligt dan aan uw linkerhand.
Go around the corner there and the city hall will be on your left.

(*Note*: **het hoekje om gaan** "to kick the bucket")

- op de berg "on the mountain":

Op de berg ligt nog wel sneeuw.
There is still snow on the mountain.

- de berg op "up the mountain"; de berg af "down the mountain".

Berg op vind ik veel vermoeiender dan berg af.
I think going uphill is much more tiring that going downhill.

(As in English, Dutch uses this metaphorically as well: **Haar gezondheid gaat snel bergafwaarts** "Her health is quickly going downhill.")

Note: Refer back to Chapter 10, especially section 10.5, for the appropriate prepositions to be used with expressions of time.

| 19.5.1 | **Let's try it** |

Fill in the correct preposition:

1 De trein vertrekt pas _____ acht uur 's avonds.

2 De president bracht een bezoek _____ België.

3 Hij gaat _____ drie dagen naar New York.

4 Wij gaan _____ Kerstmis naar mijn oma.

5 _____ ons thuis aten we elke avond warm.

6 Zij wist niet wat zij _____ die vraag moest antwoorden.

7 Jij hebt zin _____ een kopje koffie? Nou, daar is een leuk cafeetje.

8 Gefeliciteerd _____ je verjaardag!

9 Ik kan dan niet: ik moet om 9 uur _____ de dokter zijn.

10 In de zomer genieten wij erg _____ die lange avonden.

11 Hij hoopt dat _____ een maand of drie alles opgelost is.

12 Hebt u terug _____ 50 euro?

13 Ik zal buiten _____ je wachten.

14 Mijn kleine broertje zit nog _____ school.

15 Geef dat maar _____ de secretaresse.

16 Daar heb je helemaal gelijk _____ .

Chapter 20

Word order: position of the verb in the sentence

The principal element in a Dutch sentence is the verb. The entire sentence is built up around it. The position of the verb is rigidly determined, far more so than is true of any other part of speech. Depending on the type of clause and on the form of the verb, the verb occupies different places in the clause.

20.1 The conjugated part of the verb in second position

20.1.1 Main clause

General rule: the conjugated part of the verb stands in second position. The other parts of the verbal group (past participle or infinitive) usually stand at the end of the sentence:

1	2	3	4	
Hij	**gaat**	**naar de stad.**		He goes to town.
Ik	**heb**	**een brief**	**geschreven**.	I have written a letter.
Wij	**moeten**	**postzegels**	**kopen.**	We must buy stamps.

If an element other than the subject is placed in the first position of the sentence:

- that element gets the stress
- the subject immediately follows the verb, what we call "inversion":

1	2	3	4	
Naar de stad	**gaat**	**hij.**		It is to the city that he goes.

	1	2	3	4
Een brief	**heb**	**ik**	**geschreven.**	It is a letter that I have written.
Postzegels	**moeten**	**wij**	**kopen.**	Stamps are what we need to buy.

The first element in the sentence may be an entire clause, usually subordinate or dependent. The verb of the main clause still follows immediately after it, in second place:

	1	2	3	4	5	6
Toen ik thuiskwam,	**ging**	**hij**	**naar bed.**			
When I got home, he went to bed.						
Als zij het heeft,	**zal**	**zij**	**het**		**mij**	**geven.**
When she has it, she will give it to me.						

20.1.2 The "tongs" construction

When the verb consists of a verbal group (auxiliary, separable verb, modals etc.), the conjugated part goes first and the other parts are grouped at the end of the sentence. It looks as though the rest of the sentence is "squeezed" in between the different forms of the verb:

Hij heeft gisterochtend vijf kilometer gelopen.
He ran 5 km yesterday morning.

Zij moest nog even wat boodschappen doen.
She had to run a few errands.

Hij HEEFT gistermiddag vijf kilometer GELOPEN

Normally, nothing can stand after/outside the latter part of the verbal group, except:

The conjugated part of the verb in second position

- a prepositional phrase (optional): **Hij heeft gisterochtend vijf kilometer in het park gelopen. Hij heeft gisterochtend vijf kilometer gelopen in het park.**
- a subordinate clause: **Hij heeft gezegd dat hij gisteren vijf kilometer in het park liep.**

20.1.3 Question-word questions

The question word in these types of question stands in first position, and the verb in second. Since the first position in the sentence is already occupied, the subject follows the verb (inversion). The same order of verbal parts at the end of the question is followed as explained earlier.

Waar spelen jullie morgen?
Where are you playing tomorrow?

Wanneer gaan jullie morgen spelen?
When are you playing tomorrow?

Hoeveel* punten hebben zij gisteren gekregen?
How many points did they get yesterday?

Waarom hebben zij gisteren 5 km in het park gelopen?
Why did they run 5 km in the park yesterday?
Waarom hebben zij gisteren 5 km gelopen in het park?

Wat heeft hij gezegd toen hij je gisteren opbelde?
What did he say when he called you yesterday?

20.1.4 Let's try it

Place the verb in the right position in the sentence:

1 (**gaan/varen**) In het voorjaar wij niet zo vaak met de boot.

2 (**koopt**) Als hij genoeg geld heeft, hij dit najaar een nieuwe auto.

---

* *Hoeveel* is often used in combination with a noun, as in English. In this case, the verb will be the *third word* in the sentence.

3 (**moesten**) Toen wij gisteren thuiskwamen, wij eerst even bijkomen van de lange reis.

4 (**hebben/gekocht**) Zij het nieuwste boek van die detectiveschrijftster.

5 (**heeft/beantwoord**) De premier alle vragen in het wekelijkse vragenuurtje.

20.2 The conjugated part of the verb in first position

20.2.1 Yes/no question

A yes/no question is a question that can be answered by either "yes" or "no." The conjugated part of the verbal group is always in the first position and the other parts of the verbal group follow the same rules we saw earlier. The subject follows the verb immediately (inversion):

Spelen jullie morgen?
Are you playing tomorrow?

Zullen jullie morgen spelen?
Will you play tomorrow?

Hebben zij gisteren veel punten gekregen?
Did they get many points yesterday?

Hebben zij gisteren 5 km in het park gelopen?
Did they run 5 km in the park yesterday?
Hebben zij gisteren 5 km gelopen in het park?

Heeft hij iets gezegd toen hij opbelde?
Did he say something when he called?

Heb je de directeur vandaag kunnen zien?
Have you been able to see the manager today?

Heeft hij zijn werk weer door jou moeten laten doen?
Did he have to have you do his work for him again?

20.2.2 Let's try it

Ask the questions that give these answers:

1 Ik heb hem gezegd dat hij geschikt is voor die baan.

2 Morgen solliciteert Mark bij een nieuw bedrijf.

3 Zij heeft net een nieuwe secretaresse aangenomen.

4 Zij vertelden ons dat zij net vorige maand een bedrijf opgestart hebben.

5 Zij heeft geen baan.

6 Het thuisteam heeft met drie punten verschil gewonnen.

7 Wij hoeven morgen niet te spelen.

8 Rembrandt is de bekendste Nederlandse schilder.

The conjugated part of the verb in first position

20.2.3 Commands

The imperative form of the verb stands in first position. In formal commands (with **u**), the subject immediately follows the verb:

Ga zitten!	Sit down!
Wees stil!	Be quiet!
Gaat u maar zitten.	Please sit down.
Begint u maar te eten.	Please go ahead and start eating.

20.2.4 Conditional phrases

In literary style, the verb often stands first in conditional clauses, its position then being equivalent to "if" in English:

Komt de brief nog voor tien uur, dan is alles in orde.
Should the letter arrive before ten, then all is fine.

(Als de brief voor tien uur komt, dan is alles in orde.)
(If the letter arrives before ten, then all is fine.)

Doet hij het toch niet, dan moet u mij dat laten weten.
Should he not do it, then you'd better let me know.

(Als hij het toch niet doet, dan moet u mij dat laten weten.)
(If he doesn't do it, then you'd better let me know.)

20.3   The conjugated part of the verb in final position

The conjugated part of the verb in the subordinate clause goes to the end of the clause, following the rules we saw earlier:

Hij zweeg toen ik naar hem lachte.
He stopped talking when I smiled at him.

Zij vroeg of jij morgen wilde komen.
She asked if you want to come tomorrow.

**Wij vragen wanneer hij een wedstrijd gespeeld heeft/
heeft gespeeld.**
We ask when he played a game.

**Wij vragen wanneer hij een wedstrijd gespeeld heeft/
heeft gespeeld in het park.**
We ask when he played a game in the park.
**Wij vragen wanneer hij een wedstrijd in het park gespeeld
heeft/heeft gespeeld.**

**Zij zei dat hij niets gezegd heeft/heeft gezegd toen hij
telefoneerde.**
She said that he said nothing when he called.

**Omdat hij dat gisteren al gedaan heeft/heeft gedaan, hoeft
hij vandaag niet te koken.**
Since he already did it yesterday, he doesn't have to cook today.

Zodra ik daar even tijd voor heb, zal ik die brief schrijven.
As soon as I have time, I'll write that letter.

**Ondanks dat het gisteren de hele ochtend regende, ging zij
met de hond wandelen.**
In spite of it having rained all morning yesterday, she went out walking with the dog.

Note: When the verb is a separable verb, the two parts of the separable verb come together into one at the end of a subordinate clause:

Hij kwam thuis om half tien. → **Hij vertelde me dat hij om
half tien thuis kwam.**

He came home at nine-thirty.   → He told me that he came home
at nine thirty.

20.3.1 | Let's try it

Place the verb in the correct position in the sentence:

1 (**huilde**) Hij was zo verdrietig dat hij de hele tijd.

2 (**wilde**) Zij zei tegen mij dat zij dat wel voor mij doen.

3 (**miste**) Omdat zij haar moeder zo vreselijk, belde zij haar op.

4 (**heeft**) Hij gaat pas naar huis als hij tien rondjes gerend.

5 (**had**) Nadat de politieagent hem bekeurd, mocht hij weer
verder rijden.

20.4 Restating the three positions

20.4.1 | The verb consists of one part

It stands in second position in the main clause and at the end of the
dependent clause:

Zij helpt hem met wiskunde.
She helps him with math.

Hij vertelde me dat zij hem met wiskunde helpt.
He told me she helps him with math.

20.4.2 | The verb consists of an auxiliary + past participle

The past participle goes to the end of the main clause. In the dependent clause, the past participle either precedes or follows the conjugated
auxiliary:

U heeft gisteren het vliegtuig gemist.
You missed your plane yesterday.

. . . omdat u gisteren het vliegtuig gemist heeft/heeft gemist.
. . . because you missed your plane yesterday.

20.4.3 The verb consists of an auxiliary + infinitive

The infinitive goes to the end of the main clause. In the dependent clause, the infinitive follows the conjugated verb:

Jij moet morgen de rekening betalen.
You have to pay the bill tomorrow.

. . . terwijl jij morgen de rekening moet betalen.
. . . while you have to pay the bill tomorrow.

20.4.4 The verb is a separable verb

See section 17.2:

Wij nodigen de nieuwe buren uit.
We invite the new neighbors.

Hij gaat haar nu opbellen.
He's going to call her up now.

Doe het licht uit!
Turn out the light!

Omdat jij gisteren hebt afgewassen, doe ik het vandaag.
Since you did the dishes yesterday, I'll do them today.

20.5 The negating adverb niet

The placing of the negating adverb **niet** can be summarized in a few rules that will account for the great majority of instances.

20.5.1 Niet follows

a   the verb it negates.
b   the object it negates.

Place: **niet** is at the end of the sentence if no other elements in the sentence or main clause are present:

a   **Ik schrijf niet.**
    I don't write.

Vind je niet?
Don't you think?

Hij kent Anneke helemaal niet.
He doesn't know Anneke at all.

Ik weet niet hoe hij het gedaan heeft.
I don't know how he did it.

Hij weet nog niet of hij het zal kopen.
He doesn't know yet if he will buy it.

b **Ik geef ze het geld niet.**
I'm not giving them the money.

20.5.2 *Niet stands before*

a the adverb it negates
b the predicative adjective it negates
c the prepositional phrase it negates
d the infinitive at the end of the sentence
e the past participle at the end of the sentence
f the separable prefix at the end of the sentence
g the verb of the subordinate clause.

a **Ze kwam niet meer boven.**
She didn't surface again.

Neemt u mij niet kwalijk.
I beg your pardon.

Ik was niet thuis toen u mij opbelde.
I wasn't home when you called me.

b **De bloemen zijn vandaag niet mooi.**
The flowers aren't so nice today.

c **Wij gaan vandaag niet naar de stad.**
We aren't going into town today.

d **Voor vrijdag zal ik u niet kunnen helpen.**
I won't be able to help you before Friday.

Hij wou mij zijn nieuwe fototoestel niet laten zien.
He didn't want to show me his new camera.

e **Dat boek heb ik niet gelezen.**
I haven't read that book.

f **Zij nemen het geld voorlopig niet aan.**
They won't accept the money for the time being.

g **Zij zei dat hij het vandaag niet kon doen.**
She said he couldn't do it today.

Ik keerde terug, omdat ik het niet vond.
I returned, because I couldn't find it.

20.5.3 Exceptions

When other elements are singled out for negation, there is an expressed
or implied contrast:

Zij verkopen niet die bloemen (, maar die andere).
They aren't selling these flowers (but other ones).

Hij kent niet Anneke, maar Corrie.
He doesn't know Anneke, but he did know Corrie.

Wij gaan niet vandaag naar de stad, maar morgen.
We aren't going to town today, but we are tomorrow.

When a noun to be negated is preceded by an indefinite article, or no
article at all, **geen** is used. It is the same as "no" in English:

Hebben ze een tuin? Nee, ze hebben geen tuin.
Do they have a yard? No, they don't have a yard.

Dat is een groot verschil. Welnee, dat is geen groot verschil.
That's a big difference. Of course not, that isn't a big difference.

Heb je een computer? Nee, ik heb geen computer.
Do you have a computer? No, I don't have a computer.

**Drinkt hij wel koffie? Nee, hij drinkt helemaal geen koffie,
maar thee.**
Does he drink coffee? No, he doesn't drink coffee at all, but tea.

**Wonen hier veel Surinamers? Nee, er wonen hier geen
Surinamers.**
Do a lot of Surinamese live here? No, there aren't any Surinamese
here.

20.5.4 *Let's try it*

Negate the underlined:

1 Heb je dat boek <u>gelezen</u>?

2 Hij heeft haar <u>aangeworven.</u>

3 Ik zei hem, dat hij <u>mocht </u>komen.

4 Hij <u>vraagt </u>of hij veel zal verdienen.

5 <u>Rook</u> je?

6 Vind je dit <u>moeilijk</u>?

7 Weet je <u>de weg naar het museum</u>?

8 Ga je morgen <u>naar Gent</u>?

9 Tom kocht gisteren <u>een computer</u>.

10 Omdat hij vorige week <u>kon gaan</u>, gaat hij er dit weekend naartoe.

Chapter 21

The word **er**, prepositional compounds

21.1 Functions of *er*

The use of **er** in Dutch is quite a complicated matter. Even native speakers cannot always explain in a satisfactory way how this word should be used. However, here we will focus on its most straightforward functions.

21.1.1 er + zijn = *there + to be*

The word **er** is used in the expressions **er is, er zijn**, referring not to place but to availability or existence. This is similar to "there" in English. The form of the verb **zijn**, as in English "to be," depends on whether the real subject that follows is singular or plural. Two possibilities: **er is** and **er zijn**:

> **Er is niet genoeg water.**
> There is not enough water.

> **Er zijn veel mensen op de markt.**
> There are many people at the market.

Nouns with **een** or **geen**:

> **Er is een verzoek binnen.**
> A request has come in.

> **Er is hier geen postkantoor in de buurt.**
> There is no post office around here.

> **Er zijn geen vragen.**
> There are no questions.

Nouns with **veel** or **weinig** and numerals:

Er zijn veel dure huizen op de Herengracht.
There are a lot of expensive houses on the Herengracht.

Er zijn vandaag maar drie studenten aanwezig.
There are only three students present today.

iemand and **niemand** and other indefinite pronouns:

Er is iemand voor je aan de telefoon.
Someone wants you on the phone.

Is er niemand die je kan helpen?
Isn't there anybody who can help you?

Note: **er** normally introduces a "real subject" spoken of in a generalizing way, i.e. not accompanied by a definite article, demonstrative or other specifying modifier. A sentence with a definite "real subject" would not be acceptable.

| 21.1.2 | **er + *other verbs* = *there is/are + -ing form***

er can be used in the same way with other verbs. It can be translated by "there" in English, but it uses verbs in a different way:

Er staan veel mensen op straat.
There are many people (standing) in the street./
Many people are (standing) in the street.

Er kijken altijd veel kinderen naar dat programma.
There are always many children watching that program.

Er zit niets in mijn handtas.
There is nothing in my purse.

Er ligt een krant op tafel.
There is a newspaper lying on the table.

Er hangen zeven sokken aan de lijn.
There are seven socks hanging on the clothesline.

Rewrite the sentence by using the new subject between brackets. Begin
the sentence with **er**.

Example: **De boeken liggen op de tafel in de bibliotheek.**
             (een woordenboek)
             Er ligt een woordenboek op de tafel in de bibliotheek.

Het boek van Maria ligt op de grond. (**nog een ander boek**)

De boeken staan in de kast. (**veel dvd's**)

Mijn gsm'etje zit in mijn broekzak. (**niets**)

De studenten kijken naar dat televisieprogramma. (**veel jongeren**)

Het postkantoor bevindt zich midden in het dorp. (**een kerk**)

Jan heeft een vraag gesteld. (**een jongen uit de klas**)

|21.1.4| **er = *unstressed* daar**

er is sometimes used as an adverb of place, functioning as an unstressed
form of **daar**:

A   **Ben je ooit in Amsterdam geweest?**
A   Have you ever been to Amsterdam?

B   **Nee, ik ben er nooit geweest.**
B   No, I have never been there.

A   **Toen ik er laatst was, dacht ik aan je.**
A   When I was there recently, I thought about you.

B   **Dat is lief. We zullen er volgend jaar samen zijn in de lente.**
B   That is kind of you. We will be there together next year in the spring.

A   **Ja, dan zal het er mooi zijn met alle tulpen.**
A   Yes, it will beautiful there then, with all those tulips.

|21.1.5| **er + *quantity***

er functions in some cases with a partitive meaning (expressing a part of
a larger whole) when -**van** has been omitted:

Op de markt   At the market

A Goedemorgen.
A Good morning.

B Ja, hallo. Ik zie dat u appels heeft.
B Yes, hi. I see you have apples.

A Ja, lekkere sappige. Hoeveel wil u er(van)?
A Yes, nice and juicy. How many (of them) do you want?

B Ik wil er een stuk of tien.
B About ten, please.

When asking for a quantity, you always imply part of the entire collection. In the last example, the man is asking for a quantity of apples (about ten) that is part of the entire collection (all the apples on display at the fruit stand) of apples.

21.1.6 Place of er in the sentence

Basically, **er** stands next to the conjugated verb or immediately after the subject in an inverted sentence or subordinate clause.

21.2 er + preposition

Dutch has no construction corresponding to "of it," "for it," "on it." You do see constructions like **van het** or **op het**, but only when the **het** is an article, not when it is a pronoun. Instead, the word **er** is placed before the preposition in question. er can replace singular and plural objects:

preposition + **het** → **er** + preposition

Ik heb een stuk van het brood.	**Ik heb** *er* **een stuk** *van.*
Hij heeft een plakje van de kaas.	**Hij heeft** *er* **een plakje** *van.*
Wat betaalt hij voor de kleren?	**Wat betaalt hij** *ervoor?*
Hij betaalde veel voor die auto.	**Hij betaalde** *er* **veel** *voor.*
De kat zit op de boeken.	**De kat zit** *erop.*
De krant ligt op de tafel.	**De krant ligt** *erop.*

Note: Two prepositions change form when combined with another word:

met → mee   **tot → toe**

Wat doe je met dat mes?
What are you doing with that knife?

Wat doe je er*mee*?
What are you doing with it?

Ik heb erg veel moeite met deze zin.
I'm having a lot of trouble with this sentence.

Ik heb er erg veel moeite *mee*.
I'm having a lot of trouble with it.

Wanneer kwam hij tot een besluit?
When did he reach a decision?

Wanneer kwam hij er*toe*?
When did he reach it?

Note also that the er construction is used whenever a preposition is combined with a reference to an inanimate object or objects, whether neuter or not, both singular and plural. In the spoken language, you will hear speakers using this construction to refer to people as well.

These compounds are often separated by another word in the sentence, usually by an adverb or an object:

Hij zit er nog steeds rustig *op*.
He is still sitting quietly on it.

Wat doe je er morgenochtend *mee*?
What are you doing with it tomorrow morning?

Hij kwam er in de vergadering niet *toe*.
He didn't get to it in the meeting.

Ik heb er zonder dat iemand het merkte een stuk *van* genomen.
I have taken a piece of it, without anyone noticing.

Betaal je *er* altijd zoveel geld *voor*?
Are you paying that much money for it?

| 21.2.1 | **Let's try it**

Replace the underlined word with **er** and place it in the right position in the sentence:

1   Ik zit al uren op <u>deze stoel</u>.

2   Zij kijkt nu naar <u>een documentaire</u>.

3   Wij hebben veel vragen over <u>dat onderwerp</u>.

4   Kun je iets meer over <u>dat boek</u> vertellen?

5   Wat haalde je gisteren uit <u>de diepvries</u>?

6   Zij heeft veel zin in <u>de vakantie</u>.

7   Heb jij 1.000 dollar voor <u>dat horloge</u> betaald?

8   Hij denkt wel erg lang over <u>die vraag</u> na.

9   Je kunt met <u>die pen</u> niet goed schrijven.

21.3   Special cases involving *er* + preposition

er with preposition can take different forms, depending on the situation.

| 21.3.1 | *Preposition + this/that = hier/daar + preposition*

Hier and **daar** replace a demonstrative:

Ik heb een stuk van deze/die kaas.
I have a piece of this/that cheese.

Ik heb *hier/daar* een stuk *van*.
I have a piece of this/of that.

Wat doe je met dit/dat mes?
What are you doing with this/that knife?

Wat doe je *hiermee/daarmee*?
What are you doing with this/with that?

Wat doe je met deze/die appels?
What are you doing with these/those apples?

Wat doe je *hier/daar* nu *mee*?
What are you doing now with this/with that?

The underlying idea here is a very simple one: adverbs of place (**er**, **daar**, **waar**) are used in constructions in which they become equivalent to a pronoun (it, that, what). But notice how Dutch uses other adverbs of place to carry the pattern beyond the point that English can:

er	there	**ervoor**	for it
daar	there	**daarvoor**	for that
hier	here	**hiervoor**	for this
waar	where	**waarvoor**	for what, for which
ergens	somewhere	**ergens voor**	for something
= iets	something	**voor iets**	for something
nergens	nowhere	**nergens voor**	for nothing
= niets	nothing	**voor niets**	for nothing
overal	everywhere	**overal voor**	for everything
= alles	everything	**voor alles**	for everything

The combinations using an adverb of place (**ergens voor**, **nergens voor**, **overal voor**) are less common in speech than the forms immediately below them.

Preposition + **iets** = **ergens** + preposition:

Zij praten over iets, (ergens over), maar ik weet niet precies waarover.
They're talking about something, but I don't know just what.

Preposition + **niets** = **nergens** + preposition:

Is er morgenavond een feest? Ik weet zoals altijd weer van niets. (nergens van).
Is there a party tomorrow evening? As usual, I don't know a thing about it.

Preposition + **alles** = **overal** + preposition:

Hij moet altijd aan alles denken (overal aan), want zij is erg vergeetachtig.
He always has to try to remember everything, because he is very forgetful.

21.3.3 *Question word:* waar + *preposition*

Ik heb een stuk van de krant. → **Waarvan heb jij een stuk?/**
I have a piece of the paper.   **Waar heb jij een stuk van?**
                                   What do you have a piece of?

Hij betaalt voor de maaltijd. → **Waarvoor betaalt hij?/**
He pays for the meal.   **Waar betaalt hij voor?**
                                   What does he pay for?

Zij zit op de bank. → **Waarop zit zij?/**
She is sitting on the couch.   **Waar zit zij op?**
                               What is she sitting on?

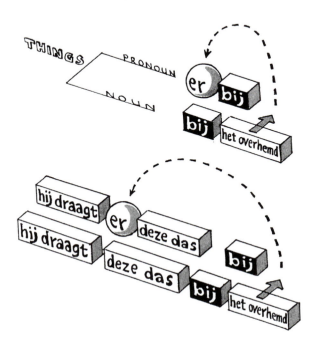

21.3.4 *Relative pronouns*

When they are accompanied by a preposition and refer to a non-human object: **waar** + preposition.

When they are accompanied by a preposition and refer to a human object: preposition + **wie** (only one sentence order possible):

het brood, waarvan ik een stuk heb
the bread of which I have a piece/
the bread I have a piece of

de kaas, waar ik een stuk van heb
the cheese of which I have a piece

de groente, waarvoor wij veel betaalden
the vegetables for which we paid a lot/
the vegetables we paid a lot for

de groente, waar wij veel voor betaalden
the vegetables for which we paid a lot

de man, voor wie wij de appels kochten
the man for whom we bought the apples/
the man we bought the apples for

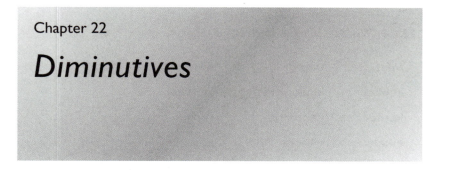

Chapter 22

Diminutives

22.1 Forms of the diminutive

A diminutive is a noun derived from another word, usually also a noun, with a special ending that is used to indicate smallness, endearment and other meanings.

The Dutch diminutive ending is -je. The gender of diminutives is always neuter and their plural is formed by the addition of -s. Many words simply add this ending without further change:

het huis	the house	**het huisje**	little house
het boek	the book	**het boekje**	little book
de zak	the bag	**het zakje**	little bag

Note: When **s** and **j** are juxtaposed, they form a **sh**-like sound.

In most cases, when the diminutive ending is added, the form of the noun changes somewhat.

22.1.1 Words with a long vowel or diphthong or followed by final l, n, r, w → + -tje

ei	**eitje**	egg
mouw	**mouwtje**	sleeve
boel	**boeltje**	mess
schoen	**schoentje**	shoe
deur	**deurtje**	door

22.1.2	**Words ending in unstressed -el, -en, -er → + -tje**	

tafel	tafeltje	table
keuken	keukentje	kitchen
kamer	kamertje	room
eikel	eikeltje	acorn

Note: An exception is the common word **jongen**—**jongetje**.

22.1.3	**Words containing a short vowel followed by final l, r, m, n, ng and occasionally other consonants → + -etje**	

bel	belletje	bell
ster	sterretje	star, asterisk
kam	kammetje	comb
pan	pannetje	pan
ding	dingetje	thing
brug	bruggetje	bridge
kip	kippetje	chicken

22.1.4	**Words ending in -m preceded by a long vowel or ending in -lm, -rm or unstressed -em → + -pje**	

boom	boompje	tree
duim	duimpje	thumb
bezem	bezempje	broom
arm	armpje	arm
film	filmpje	film (diminutive: roll of film)
museum	museumpje	museum

Note: The word **bloem** has the diminutive **bloempje**, although most Dutch speakers use **bloemetje** instead.

Words with a short vowel in the singular and a long vowel in the plural usually have the long vowel in the diminutive as well:

het glas	**glazen**	**glaasje**	glass
het schip	**schepen**	**scheepje**	ship
But **de weg**	**wegen**	**wegje/weggetje**	way

Words ending in -cht, -ft or -st + -je drop the t in their pronunciation:

lucht	air	→ **luchtje**	bad smell	**(luchje)**
zacht	soft	→ **zachtjes**	softly	**(zachjes)**
kaft	cover	→ **kaftje**	little cover	**(kafje)**
schrift	notebook	→ **schriftje**	little notebook	**(schrifje)**
kist	chest	→ **kistje**	little chest	**(kisje)**
lijst	list	→ **lijstje**	little list	**(lijsje)**

Words ending in -o, -a, -u double the vowel and add -tje:

auto	car	→	**autootje**
paraplu	umbrella	→	**parapluutje**
mama	mom	→	**mamaatje**

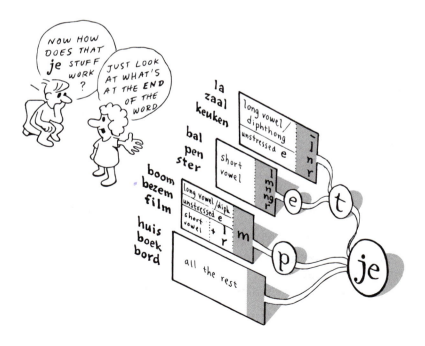

22.1.5 Let's try it

Give the diminutive of the following words:

de vrouw	de boezem	het mormel
het deken	de man	de tuin
het schip	het geheim	de kruimel
de darm	de zalm	de nicht
de regel	het boek	de zoen
het ding	het raam	de ster
de school	de kan	het museum

22.2 Diminutives as adverbs

Many adjectives derive an equivalent adverb by adding the diminutive suffix + -s, often with reference to human actions or emotions. There are a couple dozen in common colloquial use:

droog	dry	**droogjes**	drily
even	just	**eventjes**	for a moment
fijn	fine	**fijntjes**	slyly
kalm	calm	**kalmpjes**	calmly
mager	lean	**magertjes**	scantily
wel	well	**welletjes**	more than enough
zacht	soft	**zachtjes**	in a low voice
zoet	sweet, easy	**zoetjes**	gradually
		(usually **zoetjesaan**)	
zuinig	thrifty	**zuinigjes**	frugally, hesitantly
zwak	weak	**zwakjes**	weakly

Hij merkte droogjes op dat de laatste trein inmiddels vertrokken was.
He remarked drily that the last train had already left.

Zij ziet wat bleekjes om de neus.
She looks rather pale.

Je moet het netjes op het bord opschrijven.
Write it neatly on the blackboard.

Het is al bijna middernacht. Wij moeten zoetjesaan eens naar huis.
It's nearly midnight already. We'd better think about going home.

Ik ben over de ergste griep heen, maar ik voel me nog wat slapjes.
I'm over the worst of the flu, but I still feel a little weak.

Moeder zei: "En nu is het welletjes. Houd op met dat gezeur!"
Mother said: "And now that's enough. Stop that whining!"

22.3 Using the diminutive

Diminutives are widely used by native Dutch speakers and are an important expressive feature of the language. To explain this by saying that the Dutch have some fondness for the smallness of things (which natives themselves will occasionally claim) would be to miss the main point. Smallness pure and simple is indicated by the adjective **klein**.

The diminutive might, therefore, best be called a "personalizing suffix" that says nothing more than that the user is adopting a certain attitude toward the thing. The range of possible attitudes is wide and can be learned only with some experience in listening and reading. Here are a few examples:

De zon zit vandaag achter de wolken. ⟷	**Het zonnetje schijnt.**
The sun is hiding behind the clouds today.	The sun is (pleasantly) shining.
Wij leren de Nederlandse taal. ⟷	**Wat voor taaltje is me dat!**
We learn the Dutch language.	What kind of odd lingo is that!
In Holland zie je veel koeien. ⟷	**Zie je al die koetjes?**
In Holland you see a lot of cows.	Do you see all those cows? (said to child)
De wijn is in de aanbieding. ⟷	**Wat een lekker wijntje is dit!**
Wine is on sale.	What a nice little wine this is!

| 22.3.1 | *Sometimes the diminutive of a word changes its meaning* |

de lepel	spoon	het lepeltje	teaspoon
het scheermes	razor	het scheermesje	razor blade
dubbel	double	het dubbeltje	10-cent coin
brood	bread	het broodje	roll (bread roll)
lucht	air	het luchtje	scent, odor (often a bad one)
klein	small	het kleintje	little one
toe	in addition	het toetje	dessert
onder ons	between us	het onderonsje	tête-à-tête

Note: A few words today exist only as diminutives:

poffertjes	"poffertjes" (small fried pastries commonly sold at fairs)
toetje	dessert
beetje	little bit
winterkoninkje	wren

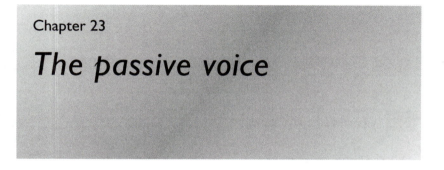

Chapter 23

The passive voice

23.1 The passive construction

In a passive construction, the subject of the sentence undergoes the action of the verb. Dutch expresses this relationship by the use of the verb **worden**, the independent meaning of which is "to become," plus the past participle of the verb. The agent is indicated by **door** "by":

Active			
Paul	**eet**	**de appel.**	
subject	verb	direct object	
	present		
1	2	3	

Passive			
De appel	**wordt**	**door Paul**	**gegeten.**
subject	present of	agent	past participle,
	worden		action verb
3	2a	1	2b

The subject of the active sentence becomes agent in the passive sentence (1).

The direct object of the active sentence becomes subject in the passive sentence (3).

The conjugated verb of the active sentence (2), the action verb, is replaced by a form of **worden** (2a) in the same tense and the active verb turns into a past participle (2b) at the end of the passive sentence:

Active: The subject (**Paul**) commits the action (**eten**) on the direct object (**de appel**).

Passive: The subject (**de appel**) undergoes the action (**gegeten worden**) done by the agent (**door Paul**).

23.2 Tenses in the passive

23.2.1 *Simple present*

English:
She washes the car. → The car is washed by her.

Dutch:
Zij wast de auto. → **De auto wordt door haar gewassen.**

23.2.2 *Simple past*

English:
We bought the house in 2004. → The house was bought by us in 2004.

Dutch:
Wij kochten het huis in 2004. → **Het huis werd door ons in 2004 gekocht.**

23.2.3 *Future tense*

English:
The grandparents will raise the three children. → The three children will be raised by the grandparents.

Dutch:
De grootouders zullen de drie kinderen grootbrengen. → **De drie kinderen zullen door de grootouders grootgebracht worden.**

23.2.4 *Present and past perfect*

English:
She has already warned me. → I have already been warned by her.

| She had already warned me. | → | I had already been warned by her. |

Dutch:

| **Zij heeft mij al gewaarschuwd.** → | **Ik ben al door haar gewaarschuwd.** |

| **Zij had mij al gewaarschuwd** → | **Ik was al door haar gewaarschuwd.** |

English:

| On Saturday we booked the trip. | → | On Saturday the trip was booked (by us). |

Dutch:

| **Wij hebben zaterdag de reis geboekt.** → | **De reis is zaterdag (door ons) geboekt.** |

Although the perfect tense of **worden** in the meaning "to become" is **is geworden**, the past participle of **worden** does not appear in the perfect tenses of a passive construction (except stylistically in a very formal context).

23.3 Passive and non-passive

Dutch makes no distinction between the perfect tense of a passive action and a predicate adjective following a form of **zijn**:

Het eten is klaar.	**Het eten is opgediend.**	**Het eten wordt opgediend.**
The food is ready.	The food is served.	The food is (being) served.
Het eten was klaar.	**Het eten was opgediend.**	**Het eten werd opgediend.**
The food was ready.	The food had been served.	The food was (being) served.
↓	↓	↓
to be + adjective	to be + past participle	**worden** + past participle

Let us consider the Dutch passive constructions for a moment from the standpoint of English. The phrase "the food is served" can mean two things, each of which is expressed in a different way in Dutch. First, it can express the observation that someone is at the moment in the process of serving the food. In this case, the passive is required in Dutch:

Het eten wordt opgediend. The food is (being) served.

But it can also indicate simply that at the moment the food is in a state of being served, which is not passive:

Het eten is opgediend.   The food is served.

However, since in Dutch "the food is served" (state of being) amounts to the same as saying "the food has been served," this completed action is expressed in Dutch in the same way:

Het eten is opgediend.   } The food has been served.
                      } The food is served.

23.4   Modal verbs

English:

You have to do your homework. → Your homework must be done by you.

You can eat up the pizza. → The pizza can be eaten up (by you).

Now you can do this exercise. → Now this exercise can be done (by you)

Dutch:

Jij moet je huiswerk maken. → **Je huiswerk moet door jou gemaakt worden.**

Jij mag de pizza opeten. → **De pizza mag (door jou) opgegeten worden.**

Jij kunt nu deze oefening maken. → **De oefening kan nu (door jou) gemaakt worden.**

English:

You had to do your homework. → Your homework had to be done by you.

Dutch:

Je moest je huiswerk maken. → **Je huiswerk moest door jou gemaakt worden.**

English:

You will have to fill in the form. → The form will have to be filled in (by you).

Dutch:

Je zult het formulier moeten → **Het formulier zal (door jou)**
invullen. **ingevuld moeten worden.**

English:

You have to take the medicine → The medicine has to be taken
before the meal. before the meal.

Dutch:

Je moet de medicijnen voor → **De medicijnen moeten voor**
de maaltijd innemen. **de maaltijd ingenomen**
worden.

23.4.1 *Let's try it*

Turn the following sentences into the passive voice:

1   De chirurg opereert haar neus.

2   De arts genas zijn wonde.

3   Hebben jullie de ambulance opgebeld?

4   Ik moet mijn tanden poetsen.

5   Wanneer maakte jij een afspraak met de dokter?

6   Hoe lang geleden heeft de tandarts je tanden schoongemaakt?

7   De arts bezoekt de patiënten elke dag.

8   Hoeveel pillen heeft hij voorgeschreven?

23.5   Impersonal passive

Dutch has different ways in which it can conceal the agent.

23.5.1 *er and the passive sentence*

Passive sentences may be introduced by **er**, thereby given a generalized,
non-specific meaning difficult to translate (compare the generalizing function
of **er** discussed in Chapter 21):

Er werden veel bloemen geplukt.
Many flowers were picked. (i.e. there were many flowers that got
picked, there was a lot of flower picking)

Veel bloemen werden geplukt.
Many flowers were picked. (i.e. many of the flowers got picked)

The passive voice introduced by **er** is also used without any grammatical subject; such a construction must be rendered in English by a paraphrase:

Er wordt veel gelachen.
There is a lot of laughing.

Er werd geroddeld.
There was gossiping being done.

Er wordt (aan de deur) geklopt.
There is a knock (at the door).

Er is hier veel gerookt.
There's been a lot of smoking here.

Er zal hier veel gerookt worden.
There will be a lot of smoking around here.

23.5.2 *Active construction with* men, je *or* ze

Just as English uses "one" or an impersonal "you" instead of a passive construction, Dutch uses the words **men**, **je** or **ze** and an active construction. **Men** is the formal, written form, while **je** or **ze** is the everyday spoken form:

Roken doet men hier niet.
One doesn't smoke here/smoking isn't done here.

Men zegt dat hij gearresteerd is.
It is being said that he has been arrested.

Vers fruit kan je daar niet krijgen.
You can't get fresh fruit there/fresh fruit isn't to be had there.

Ze bouwen hier een moskee.
They're building a mosque here./A mosque is being built here.

23.5.3 te + *infinitive*

Dutch uses an infinitive preceded by **te** and a form of the verb **zijn** in a construction that must usually be rendered by a passive in English:

Grote auto's zijn vaak niet te krijgen.
Big cars are often not to be had.

Dat bier was niet te drinken.
That beer was not to be drunk. (i.e. not drinkable)

Er is niemand te zien.
There is nobody to be seen.

Zoiets is te verwachten.
Something like that is to be expected.

It is important to note that Dutch uses the passive voice somewhat less than English does, as suggested by both 23.6.2 and 23.6.3. Overuse of the passive voice in Dutch can make what is being said or written too impersonal and possibly difficult to follow.

23.6 When is the passive voice used?

When it is not important who the active person is. Even if you know who it is, it is the action being done that is important rather than who actually does it:

De test wordt vandaag (door de secretaresse) gecopieerd.
The test will be/is being copied today (by the secretary).

Mijn auto is gisteren (door mijn dochter) gewassen.
My car was washed yesterday (by my daughter).

When it is not known who is actually doing the action:

De koningin wordt vandaag in het medisch centrum geopereerd.
The queen is being operated on today in the medical center.

Er wordt hier een nieuw winkelcentrum gebouwd.
A new shopping center is being built here.

Er wordt aangebeld.
Somebody is ringing the doorbell.

When the statement is a general one:

In Amerika wordt veel gebarbecued.
In the U.S.A. a lot of barbecuing is done.

In Nederland wordt eens in de vier jaar een nieuwe regering gekozen.
In the Netherlands a new government is elected every four years.

Er mag in openbare gebouwen niet meer gerookt worden.
Smoking is no longer permitted in public buildings.

When the implied subject is not a person but an organization or some other formal institution. In this case, the passive makes the text very formal:

U wordt vriendelijk verzocht het bedrag zo snel mogelijk over te maken.
You are kindly requested to transfer the amount as soon as possible.

De reizigers wordt geadviseerd via Amersfoort om te rijden.
Passengers are advised to travel via Amersfoort.

23.6.1 Let's try it

Turn the following sentences into the passive voice and consider the better option, the active or the passive sentence:

1   Je mag in de bioscoop niet roken.

2   Men at vroeger veel meer spek dan nu.

3   De politie heeft de inbreker op heterdaad betrapt.

4   Mijn moeder opereert vandaag de minister-president.

5   In Frankrijk eten ze veel kaas.

6   Vorig weekend heb ik een pan erwtensoep gemaakt.

Chapter 24

Idiomatic usages of some common verbs

24.1 Aspectual meanings of some verbs

24.1.1 Gaan

Gaan is used for the beginning of an action:

Hij gaat zitten.	He sits down.
Gaat u maar zitten.	Please sit down.
De poes ging liggen.	The cat lay down.
Wat gingen jullie doen?	What did you (decide to) do?

24.1.2 Blijven

To continue to do an action:

De baby bleef huilen.
The baby didn't stop crying.

Het orkest stopte, maar hij bleef zingen.
The orchestra stopped, but he continued to sing.

Ik krijg het niet voor elkaar, maar ik blijf het proberen.
I can't get it done, but I'll keep trying.

Blijft u rustig zitten: de dokter komt zo bij u.
Stay seated, the doctor will be right with you.

Hebben *and* **krijgen**

Some expressions with **hebben**, where the duration of a state is denoted,
have an aspectual counterpart with **krijgen** to denote the beginning of
that state:

Hij heeft het warm/koud.
He is warm/cold.

Hij krijgt het warm/ koud.
He is getting warm/cold.

Je hebt gelijk.
You are right.

Je krijgt gelijk.
You turn out to be right.

Ik heb het druk.
I'm busy.

Ik krijg het druk.
I'm getting busy.

Hij heeft het warm gehad.
He was warm.

Hij heeft het warm gekregen.
He got warm.

Ik heb honger/dorst/slaap.
I am hungry/thirsty/sleepy.

Ik krijg honger/dorst/slaap.
I get hungry/thirsty/sleepy.

Zij hebben het over schaatsen.
They are talking about skating.

Zij krijgen het over schaatsen.
They get to talking about skating.

Heb je zin in een kopje koffie?
Do you feel like a cup of coffee?

Krijg je zin in een kopje koffie?
Are you beginning to feel like a cup of coffee?

Some further examples of idiomatic expressions using **hebben**:

Dat heeft geen zin.
That doesn't make sense.

Hoe laat heb je het?
What time do you have?

Ik heb het half vijf.
I make it 4.30 pm.

Daar heb je hem.
That's him.

Daar heb je hem weer.
He's at it again.

Wat zullen we nu hebben?
What's this all about?

Dat heb je ervan.
That's what comes of it.

Het heeft er veel van dat . . .
It seems an awful lot like . . .

Ik weet niet wat ik aan hem heb.
I don't know what to make of him.

Ik had het niet meer van het lachen.
I was laughing myself silly.

| 24.1.4 | **aan 't + *infinitive* + zijn; bezig zijn te + *infinitive*** |

Aan (**he**)**'t** + infinitive + **zijn** = an action is in progress. This is less frequently
used than the "-ing" form in English; it only refers to the action in progress
during the timeframe under consideration:

Wat ben je aan het doen? (= now)
What are you doing now?

Ik ben pannenkoeken aan het bakken.
I'm making pancakes.

Wat was hij aan het lezen, toen jij thuiskwam?
What was he reading when you arrived?

Dutch doesn't use the **aan het** + infinitive structure in cases like:

Hij komt.
He's coming.

Je jas hangt in de kast.
Your coat is hanging in the closet.

Je gaat morgen naar Londen.
You are going to London tomorrow.

24.2 Idiomatic usages

24.2.1 liggen, zitten, staan

These verbs indicate the position something is in and they are used in Dutch where English uses the verb "to be":

Hij zit in de woonkamer te lezen.
He is in the living room reading.

Het staat in de koelkast.
It is in the refrigerator.

Wij stonden een uurtje te kletsen.
We were chatting for an hour.

Zij heeft de hele ochtend in haar bed liggen lezen.
She was lying in bed all morning reading.

Het ligt op tafel.
It is on the table.

zitten is most commonly used and has a wide variety of meanings; some are rather remote from "sitting":

Hij zit op 't ogenblik in Leiden.
At this moment he is in Leiden.

Daarvoor moest zij een maand zitten.
She had to go to jail for a month for that.

Dat kind zit overal aan.
That child has its hands in everything.

De politie zit achter hem aan.
The police are after him.

Mijn tand zit los.
My tooth is loose.

We zitten hier met een probleem.
We have a problem.

Die examens zitten me tot hier.
I've had it up to here/I'm fed up with those exams.

Mijn sleutels zitten in mijn tas.
My keys are in my bag.

staan is also commonly used for "to be printed, written":

Het staat in de krant.
It is in the paper.

Het staat in zijn brief dat hij morgen komt.
He says in his letter that he is coming tomorrow.

Dat staat vast wel in de gebruiksaanwijzing.
It must be in the directions for use.

Wat staat er in het recept?
What does the recipe say?

Het staat me niet meer zo bij.
I don't seem to have it in my head any more.

Ik sta erop.
I insist on it.

An example of idiomatic meanings of both zitten and staan:

Hij zit er niet achter, maar hij staat er wel achter.
He isn't instigating it, but he does support it.

| 24.2.2 | Vallen, opvallen, meevallen, tegenvallen |

vallen "to fall" is used in a variety of meanings that are not equivalent to "fall" in English:

Mag ik u even lastig vallen?
May I bother you a moment?

Er valt niets van te zeggen.
There is nothing that can be said about it.

opvallen means "to be striking, conspicuous":

Het viel me op, dat hij er niet was.
I was struck by the fact that he wasn't there.

Zij is een opvallend stille vrouw.
She is a conspicuously quiet woman.

Een buitenlands accent valt op.
A foreign accent is noticeable.

meevallen 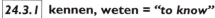 **tegenvallen**: neither has an exact equivalent in English = "turn out better than expected" ⟷ "prove to be disappointing," "worse than expected".

Het valt wel mee Nederlands te leren.
Learning Dutch is easier than expected.

Het werk viel niet mee. = Het werk viel tegen.
The work didn't turn out as well as expected. =
The work turned out worse than expected.

Het weer viel mee.
The weather turned out better than expected.

Die man is me echt tegengevallen.
That man proved to be really disappointing.

24.3 Some easily confused pairs

24.3.1 kennen, weten = "to know"

kennen: to be familiar with; **weten**: to know a fact:

Ik wist het adres niet meer uit het hoofd.
I didn't know the address by heart any more.

Hij wist dat we kwamen.
He knew we were coming.
Wij weten het antwoord op die vraag.

Na een jaar zal hij goed Nederlands kennen.
After a year, he will know Dutch well.

Wij kennen hem niet goed.
We don't know him very well.

Ik ken die uitdrukking helemaal niet.
I don't know that expression.

Ken je dat gevoel?
Do you know that feeling?

Ik kende die mop niet.
I didn't know that joke.

24.3.2 leven, wonen = "to live"

leven: to be alive, to exist; wonen: to reside:

Mijn vader leefde eenvoudig.
My father led a simple life.

Hij woonde in Hoorn.
He resided in Hoorn.

Zij leeft op water en brood.
She's living on bread and water.

Waar leeft hij tegenwoordig van?
What's he living on nowadays?

Hij leefde in de 20ste eeuw.
He lived in the twentieth century.

Jij woonde toch in een herenhuis?
You lived in a mansion, didn't you?

Zij wonen in een een buitenwijk van Parijs.
They live in a Paris suburb.

24.3.3 verstaan, begrijpen = "to understand"

verstaan: to hear correctly what was said; begrijpen: to grasp the contents of what was said:

Verstaat u wat ik zeg, of moet ik luider praten?
Do you understand what I say or should I talk louder?

Ik heb u niet goed begrepen. Kan u dat anders uitleggen?
I didn't understand what you said. Could you explain it differently?

Ik heb u niet goed verstaan. Kunt u dat herhalen?
I didn't understand you. Can you repeat that?

Achter in de zaal was hij niet te verstaan.
In the back of the hall you couldn't understand him.

Ik begrijp helemaal niets van je verhaal.
I don't understand anything you're telling me.

24.3.4 betekenen, bedoelen = "to mean"

betekenen: to have a meaning; bedoelen: to intend to say:

Zij betekende veel voor mij.
He meant a lot to me.

Hij bedoelde iets anders.
He meant something different. (he intended to say something
different [from what I interpreted it to be])

Begrijpt u wat ik bedoel?
Do you understand what I mean?

Als hij niet komt, betekent het dat hij ziek is.
When he doesn't come, it means that he is ill.

24.3.5 onthouden, zich herinneren = "to remember"

onthouden: commit to memory; zich herinneren: to successfully retrieve
from one's memory, to recollect:

**Kan je zijn nummer voor me onthouden? Ik heb geen pen
of papier bij me.**
Can you memorize his number for me? I don't have a pen or paper
with me/on me.

Hij herinnerde zich waar hij me gezien heeft.
He remembered where he saw me.

Ik kan me zijn naam niet herinneren.
I can't recall his name.

Ik kan zijn naam niet onthouden.
I can't keep his name in mind.

Zij herinnerde zich waar ze het had neergelegd.
She remembered where she had put it.

Jullie onthouden wel waar ik het neerleg, toch?
You'll remember where I put it, won't you?

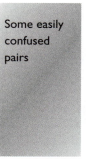
24.3.6 doen *and* maken = *"to make"*

maken implies "to create" in its common use; **doen** does not have that implication in Dutch and is more generally used than **maken**. Both have their own idiomatic uses also:

Ja, ja, doe maar.
Yes, go ahead.

Het doet me niets.
I'm not touched by it.

Het maakt me niet uit.
I don't care.

Daar heb ik niets mee te maken.
I don't have anything to do with that.

Such lists of unpredictable meanings of common words could be multiplied almost without end. Everyday words like **zitten, hebben, doen** are as puzzling to an outsider as our common "put," "get," and "do" are to speakers of other languages. This is why it is a waste of time to consult a dictionary that does not properly illustrate a variety of typical meanings of such words in context.*

24.3.7 *Let's try it*

Fill in the verb that fits best in the sentence:

1 Goedemorgen, hoe (**maken—doen**) u het?

2 Wat (**betekenen—bedoelen**) hij daarmee?

3 Het concert was echt goed; het (**meevallen—tegenvallen**).

---

* For a selection of dictionaries, see Chapter 27.

4 Ik (**kennen—weten**) jouw buurman niet.

5 Hij (**zich herinneren—onthouden**) niet meer of het dinsdag of
woensdag was.

6 Toen (**begrijpen—verstaan**) zij niet meer wat hij zei, omdat er zoveel
lawaai was.

7 Hij (**liggen—staan—zitten**) op een stoel in de keuken de krant te lezen.

8 Het kind (**blijven—gaan**) maar huilen, zonder ophouden.

9 Hoe lang (**wonen—leven**) jullie al in Maastricht?

10 Na die bankoverval moest hij 6 jaar (**liggen—zitten—staan**).

Chapter 25

Word formation and derivation

There are many ways in Dutch to make new words by using already existing ones. You can do that by means of different processes. We will discuss just two of them here.

25.1 Compounding

Nouns can be compounded from the stem of a verb, an adjective, adverb or preposition, but most frequently they are simply two or more nouns joined into one. The basic element of such a word is always the last one and, hence, the gender of a compound is always decided by the last element. The stress is regularly on the first element, although there are a few exceptions, which we will mark with a stress sign. Following are some examples of compounds:

noun + noun
het bad + **de kamer** = **de badkamer**   bathroom

adverb + noun
buiten + **de wereld** = **de buitenwereld**   outside world

adjective + noun
klein + **het kind** = **het kleinkind**   grandchild

verb + noun
blussen + **het apparaat** = **het blusapparaat**   fire extinguisher

preposition + noun
voor + **het beeld** = **het voorbeeld**   example

Compounding doesn't only result in nouns; any other type of word can be formed by compounding:

adjective + verb
hard + **lopen** = **hardlopen** to run

preposition + verb
uit + **gaan** = **uitgaan** to go out

25.1.1 *Let's try it*

Look at the compound noun and name the basic elements. What do you think each one means?

1 het woordenboek

2 de kamerdeur

3 het uitzicht

4 het buitenverblijf

5 het werkwoord

6 inschenken

7 binnenlopen

8 het fietsslot

9 het ziekenhuis

10 het voetbalelftal

25.2 Derivation by suffix

Many nouns, adjectives and verbs are formed by the addition of a suffix to another part of speech; we have already seen the great number of new nouns that can be formed by the addition of the diminutive suffix **-je**. Some other important suffixes follow.

25.2.1 | Verb + -ing = de-noun

It usually indicates the result of an action:

ervaren	+	**-ing**	=	**de ervaring**	experience
bewegen	+	**-ing**	=	**de beweging**	movement
regeren	+	**-ing**	=	**de regering**	government
uitdrukken	+	**-ing**	=	**de uitdrukking**	expression
verwarmen	+	**-ing**	=	**de verwarming**	heating

25.2.2 | Adjective/ noun + -heid = de-noun

Results in an abstract noun:

schoon	+	**-heid**	=	**de schoonheid**	beauty
het kwaad	+	**-heid**	=	**de kwaadheid**	evil
waar	+	**-heid**	=	**de waarheid**	truth
eenzaam	+	**-heid**	=	**de eenzaamheid**	loneliness

25.2.3 | Verb stem + -er/-aar = masculine agent noun

-d- is inserted between the r of the stem and -er:

onderwijzen	+	**-er**	=	**onderwijzer**	teacher
handelen	+	**-aar**	=	**handelaar**	trader
schrijven	+	**-er**	=	**schrijver**	writer
huren	+	**-der**	=	**huurder**	renter

25.2.4 | Verb stem + -es/-ster = feminine agent noun

dansen	+	**-es**	=	**danseres**	female dancer
schilderen	+	**-es**	=	**schilderes**	female painter

schoonmaken	+	**-ster**	=	**schoonmaakster**	cleaning lady
zwemmen	+	**-ster**	=	**zwemster**	female swimmer

25.2.5 Noun + -e/-in = feminine agent noun

held	+	**-in**	=	**held<u>in</u>**	waitress
baas	+	**-in**	=	**baz<u>in</u>**	boss
student	+	**-e**	=	**studente**	student

25.2.6 Noun + -en = verb

de fiets	+	**-en**	=	**fietsen**	to ride a bike, to cycle
de voetbal	+	**-en**	=	**voetballen**	to play soccer
de bel	+	**-en**	=	**bellen**	to ring the bell, to call on the phone
het antwoord	+	**-en**	=	**antwoorden**	to answer

25.2.7 Noun/preposition/ . . . + -ig/-lijk = adjective

het geluk	+	**-ig**	=	**gelukkig**	happy
treuren	+	**-ig**	=	**treurig**	sad
uit	+	**-lijk**	=	**uiterlijk**	external
bekoren	+	**-lijk**	=	**bekoorlijk**	attractive

Note: Combinations of prefixes and suffixes are also possible, as in:

be-	+	**lache(n)**	+	**-lijk**	=	**belachelijk**	ridiculous
ont-	+	**dekken**	+	**-ing**	=	**ontdekking**	discovery

25.3 Stress shift in derivation

A very important feature of derivation in Dutch is the rule that the word stress often shifts toward the end of the derived word. This is especially noteworthy in (but not limited to) the common -ig, -lijk, -heid and -nd:

het <u>onge</u>luk	→	onge<u>luk</u>kig
de <u>een</u>voud	→	een<u>vou</u>dig
het <u>toe</u>val	→	toe<u>val</u>lig
de <u>gods</u>dienst	→	gods<u>dien</u>stig
over<u>een</u>komst	→	overeen<u>kom</u>stig
<u>li</u>chaam	→	li<u>cha</u>melijk
<u>o</u>genblik	→	ogen<u>blik</u>kelijk
<u>uit</u>drukken	→	uit<u>druk</u>kelijk
<u>aan</u>trekken	→	aan<u>trek</u>kelijk
<u>we</u>tenschap	→	weten<u>schap</u>pelijk
<u>op</u>houden	→	onop<u>hou</u>delijk
<u>moe</u>deloos	→	moede<u>loos</u>heid
<u>werk</u>loos	→	werk<u>loos</u>heid
<u>voort</u>duren	→	voort<u>du</u>rend

25.4 Derivation by prefix

While verbs are mostly derived by prefix, it is largely by suffix that nouns are derived. However, there is one very common and productive prefix for deriving nouns from any part of speech and that is **ge-**, always forming neuter nouns. Usually it conveys a meaning of a continued or repeated action—often with an additional connotation of exasperation:

Hou toch op met dat geschreeuw!
Oh, stop that continual hollering!

Dat geschrijf van hem vind ik belachelijk.
I think that scribbling of his is ridiculous.

Het moet maar eens uit zijn met dat gemeneer.
It's about time to stop forever calling me "Mr."

25.4.1 *Let's try it*

What would these derived words mean? Look in a dictionary for help.

1 (**moment**) momenteel

2 (**vriend**) vriendelijk

3 (**geluk**) onge<u>luk</u>kig

4 (**werk zoeken**) werk<u>zoe</u>kend

5 (**zenuw**) zenuw<u>ach</u>tig

6 (**water**) waterrijk

7 (**twijfel**) twijfel<u>ach</u>tig

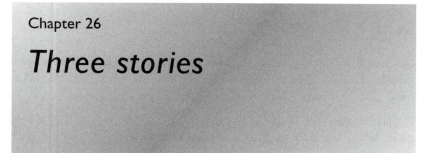

Chapter 26

Three stories

Remco Campert (b.1928) is a versatile Dutch writer who is best known for his short stories. He is fond of playing with language for comic effect. At first sight, his stories seem to be a simple reporting of his observations, but as soon as you read more closely you notice the comic side of his usage. His language is a literary rendering of the ways people in the Netherlands and Belgium sometimes treat their spoken language: they narrate things where the main point is not necessarily the content itself, but rather word usage or stylistic levels, sometimes mixing them. What is uppermost is thus not so much what a story is about as the way in which it is told. The three stories below appeared as columns in the daily newspaper *De Volkskrant*. These daily vignettes are written in turn by Remco Campert and Jan Mulder under the collective name CAMU. Each year a collection of the best ones is published by De Bezige Bij.

Note: For convenience, the vocabulary for each story is added just after the annotations rather than in the main vocabulary.

26.1 Slenterfietsen

26.1.1 Introduction

In Nederland zijn er net zoveel fietsen als mensen. De verhouding van veel mensen tot hun fiets ziet men al in de tweede alinea in de woorden "Ik had een soort vriendschap met de fiets ontwikkeld." Die speciale vriendschap met zijn fiets—al is het een wisselvallige—is dan ook in dit hele stuk meer dan duidelijk. Twee lekke banden achter elkaar: wil die fiets hem soms iets te verstaan geven?

Als hij gaat lopen houdt hij het meest van slenteren, en omdat hij met dezelfde langzame, misschien wel meditatieve gang gaat fietsen, heeft hij er een eigen woord voor verzonnen: "slenterfietsen."

Text

Een jaar heb ik niet gefietst. Ik kreeg een keer een lekke band, die werd geplakt, maar toen ik de volgende dag de deur uit wilde, was de andere band plat. Oppompen hield niet, hij liep weer even hard leeg.

Ik was teleurgesteld. Ik had een soort vriendschap met de fiets ontwikkeld en nu liet hij me in de steek. Ik ondervond het als sabotage van zijn kant.

Dat hij zijn bel van het stuur had laten stelen kon ik hem nog vergeven. Dat was overmacht geweest, maar twee lekke banden achter elkaar, daar school iets achter. Dat was niet zomaar. De fiets wilde me iets duidelijk maken.

Misschien fietste ik te langzaam. Dat had iemand me eens gezegd die me had zien fietsen. Ik nam het hoog op. Dat er iemand was die aanmerkingen had op mijn rijstijl! Waarom het gevaarlijk zou zijn wilde ik niet meer weten. Daarom vraag ik het me nog steeds af.

Ik ben geen hardloper en ook geen snelfietser. Het liefst slenter ik een beetje op de fiets. Zo zie je nog eens wat en kun je snel tot stilstand komen om bijvoorbeeld een poes op het dak van een geparkeerde auto te aaien.

Nu ik weer fiets (na een jaar vond ik dat mijn fiets wel genoeg was gestraft en ging ik naar de fietsenmaker) valt me opnieuw op hoe onbeschaamd hard er hier gefietst wordt. Veel te hard volgens mij. Het is geen gezicht, al die mannen en vrouwen die met een rotgang door de stad pezen. Ze maken de indruk nog altijd bang te zijn om te laat op school te komen.

Iedereen passeert me. Vroeger haalde je wel weer in bij het stoplicht, maar die tijden zijn voorbij. Alleen mijn fiets en ik stoppen nog voor rood. We hebben lichten die het doen. We steken onze hand uit als we afslaan. We zijn een gevaar op de weg.

Notes and vocabulary

oppompen hield niet	it wouldn't stay pumped up
hij liep weer even hard leeg	it went flat again just as fast
in de steek laten	to leave in the lurch
kon ik hem nog vergeven	I just barely managed to forgive it
achter elkaar	one right after the other

daar school iets achter (inf. schuilen)	there was something behind that	**Slenter-fietsen**	
dat was niet zomaar	it didn't just happen		
ik nam het hoog op	I really resented that		
zo zie je nog eens wat	that way you get to see something now and then		
het is geen gezicht	it's a scandalous sight		
met een rotgang (coll.)	riding like crazy		
haalde je wel weer in (inf. inhalen)	you could catch up		
lichten die het doen	lights that work		

aaien	to pet	overmacht	superior forces
aanmerking	criticism	passeren	to pass
aanmerking: a. maken op	to find fault with	pezen	to labor (colloquial)
afslaan (sloeg af, heeft afgeslagen)	to turn a corner	plakken	to patch (a tyre)
afvragen, zich (vroeg zich af, heeft zich afgevraagd)	to wonder	plat	flat
		poes, de	cat (more intimate than **kat**)
fietsenmaker, de	bicycle repair shop	rijstijl	riding style
geparkeerd	parked	rotgang, de	furious pace
gevaar, het	danger, hazard	slenteren	to saunter
gevaarlijk	dangerous	snelfietser, de	bicycle racer
hardloper, de	runner (although here he means "fast walker")	stilstand, de	stop
		stoplicht, het	traffic light
		straffen	to punish
kant: van zijn k.	on its part	stuur, het	handlebars
onbeschaamd	shamelessly	uitsteken (stak uit, heeft uitgestoken)	to stick out
ondervinden (ondervond, heeft ondervonden)	to experience		

26.2 Frites

26.2.1 Introduction

Frites in Nederland, frieten in Vlaanderen, zijn wat de Amerikanen "French fries" noemen. Frieten zijn zowat de voorloper van fast food in Nederland en België. Ze zijn overal te koop, vroeger in puntzakken, nu in plastic of kartonnen bakjes, aan frietkramen, op marktpleinen, langs drukkere banen en op de kermis. Het frietkraam is een gevestigde waarde in beide landen. De kramen variëren van oude houten woonwagens tot moderne caravans met aangebouwd overdekt terras waar tafeltjes en stoelen staan voor de klanten. Sommige frietkramen vinden een permanente plaats in het straatbeeld, bijvoorbeeld de frietkramen op de markt in Brugge: ze staan er al drie generaties.

Lang waren frieten en ijsjes het enige wat Nederlanders en Belgen op straat aten, terwijl ze rondliepen in een stad. In Nederland en België eet men het liefst frieten met wat zout en mayonaise.

De geschiedenis van het frietkraam gaat terug tot het begin van de twintigste eeuw, en het frietkraam is zo"n deel van het straatbeeld geworden, dat hij voorkomt in films en boeken.

26.2.2 Text

Sommige dingen luisteren nauw. Frites eten bijvoorbeeld. Dat kun je niet zomaar overal doen. Ik ben bijvoorbeeld geen voorstander van het eten van frites in restaurants. Ze gedijen daar niet echt. Er is te veel afleiding. Andere spijzen vragen om aandacht. En het eten van frites vereist gerichtheid op de frites en niets anders dan de frites. Waar je ook geen frites moet eten in ons land is in snackbars die zeggen echte "Vlaamse frites" te verkopen. Echte Vlaamse frites zijn natuurlijk alleen in België verkrijgbaar. Het hoeft niet speciaal Vlaanderen te zijn overigens; ook in Wallonië valt er goed te scoren op fritesgebied.

Frites hoor je staande aan de friteskraam te eten bij het vallen van de avond. Het dient koud, guur weer te zijn.

De friteskraam zoeke men bij voorkeur buiten de kom van de gemeente om elke vorm van "gezelligheid" te vermijden. Dit verhoogt de concentratie op het product.

Het is aanbevelenswaardig om een lichte, de hele dag al voortzeurende kater  **Frites**
te hebben.

Mooie verlaten plekken om in het witte schijnsel van een friteskraam te staan zijn te vinden langs de weg tussen Boom en Breendonk. Ideaal is een geasfalteerd perceel grond trussen twee huizen die te koop zijn. Ook buiten Charleroi, de kant van Philippeville uit, treft men vaak, naast een opgeheven benzinestation of een failliet gegaan meubelpaleis, voortreffelijke kramen aan.

Frites eet je uit een puntzak met je vingers, niet uit een wit plastic bakje met een wit plastic vorkje. Uit beduimelde flessen geknepen mayonaise, currysaus of tomatenketchup zijn wat mij betreft taboe. Een weinig zout volstaat. Bij vrieskou is aan te raden wollen handschoenen te dragen, bij de vingertoppen enigszins gescheurd. De ene hand wordt ontbloot om de frites stuk voor stuk tussen duim en wijsvinger uit de puntzak te pakken. De combinatie van ijskoud en gloeiendheet levert een bevredigend effect op. Zo af en toe op de bovenkant van de hand blazen om bevriezing te voorkomen.

26.2.3 Notes and vocabulary

luisteren nauw	have to be done just right
vereist gerichtheid op	(officialese) demands full attention to
zeggen . . . te verkopen	claim they sell
Wallonië	Wallonia i.e. the Walloon (French-speaking) half of Belgium
scoren	(borrowed from English) make out well
hoor je . . . te eten	you should eat
het dient . . . te zijn	(officialese) it ought to be
zoeke men	(officialese; subjunctive) it is recommended that one look for
een lichte, de hele dag al voortzeurende kater	a slight hangover that has been nagging all day
Boom, Breendonk	cities in Flanders
een geasfalteerd perceel grond tussen twee huizen die te koop zijn	a paved-over plot of ground between two houses for sale

Charleroi, Philippeville		cities in Wallonia (French-speaking southern Belgium)	
treft men . . . aan		one finds	
een opgeheven benzinestation		an abandoned gas station	
uit beduimelde flessen geknepen mayonaise		mayonnaise . . . squeezed from grimy [plastic] bottles	
wat mij betreft		as far as I'm concerned	
is aan te raden . . . te dragen		it is recommended that one wear	
levert . . . op		produces	
om bevriezing te voorkomen		(officialese) to prevent freezing	

aanbevelens- waardig	to be recommended	meubelpaleis, het	(lavish) furniture store
aandacht, de	attention		
afleiding, de	distraction	ontbloten	to bare
bakje, het	box	opleveren	to produce
bevriezing, de	freezing	plek, de	place
blazen (blies, heeft geblazen)	to blow	puntzak, de	paper cone
		spijzen	foods (literary)
bovenkant, de	top		
enigszins	rather	verhogen	to heighten
failliet gaan	to go bankrupt	verkrijgbaar	available
fritesgebied, het	the French fries realm	verlaten	abandoned
		vermijden (vermeed, heeft vermeden)	to avoid
friteskraam, de	French fries stand		
gedijen	to flourish	volstaan (volstond, heeft volstaan)	to suffice
gescheurd	torn		
gloeiendheet	red hot	voorkeur: bij v.	preferably
guur	dreary	voortreffelijk	excellent
kom, de	center (of town)	vrieskou, de	freezing cold
		wijsvinger, de	index finger

26.3 *Na afloop*

26.3.1 Introduction

Hier zien we twee mannen op een begrafenis. Maar de lezer krijgt direct al de indruk dat zij veel meer aan eten en drinken denken dan aan de overledene. Zou zij/hij hen zelfs bekend zijn? De twee schijnen elkaar wel eens tegen te komen op dergelijke begrafenissen, maar wat blijft in hun hoofd hangen? Juist, wat ze daar gegeten en gedronken hebben, geen woord over de arme "Sjef" of "Tom" zelf.

Maar na een tijd gaan hun gedachten toch uit naar het onvermijdelijke van hun eigen begrafenis en wat ze daarbij zouden willen. De tekst lijkt de draak te steken met het stereotype dat bestaat over oudere mensen die begaan zijn met overlijdensberichten, en er soms behagen in lijken te scheppen kritiek te geven op de overledene alsof de begrafenis haar/zijn laatste prestatie is in het leven. De bijgedachte van de criticus is natuurlijk dat zij/hij het allemaal beter zal doen.

26.3.2 Text

"Het was een mooie plechtigheid vond je niet?"

"Indrukwekkend."

"Wel een lange zit. Ik krijg altijd zo'n pijn aan mijn billen na een tijdje. En de angst dat je moet plassen en je die rij uit moet stommelen. Ik zou trouwens niet eens weten waar je hier zou kunnen plassen."

"Ik krijg altijd honger van begrafenissen. Ik hoop dat ze broodjes hebben. Laatst in België bij de begrafenis van Sjef Verbiest hadden ze heerlijke broodjes na afloop. Was jij daar ook niet?"

"Nee, de laatste keer dat ik je zag is alweer een jaar geleden bij de crematie van Tom Vlokkemeier. Daar hadden ze koffie en cake maar ik ben niet zo vreselijk gek op cake."

"Nee, ik heb ook meer zin in iets hartigs. Een pilsje zou trouwens ook wel smaken. Dat was in België goed verzorgd."

"Tja, België. Wat denk je, zou je hier mogen roken? Ik zie nergens asbakken. Nou ja, ik hoor het wel als het niet mag."

"Nog een bof dat het zo'n mooi weer is."

"Ja, dat maakt het wel dragelijker."

"Ze hebben pils."

"Onwillekeurig ga je toch denken, hè."

"Hoe bedoel je?"

"Wanneer je zelf aan de beurt bent. Magere Hein is wel erg woest bezig de laatste tijd."

"Misschien ga je er beter op letten als je ouder wordt."

"Ik vond wel goed dat het zo simpel gehouden was."

"Iets te veel speeches misschien."

"Bij mij hoeft niemand iets te zeggen."

"Het kan niet eenvoudig genoeg zijn. Wat mij betreft alleen het Concertgebouworkest. Meer hoeft niet."

26.3.3 Notes and vocabulary

wel een lange zit	it was quite a long time to sit
na afloop	after it was over
de laatste keer dat ik je zag	(the reader is made to wonder whether perhaps these two make the round of funerals for the food that is obviously so important to them)
zou . . . smaken	would taste good
Tja, België	(what he is saying here is something like "well, of course, in Belgium they really know how to do that sort of thing"). **Tja** is a form of **ja** that implies hesitation, undecisiveness or scepticism
Magere Hein	"scrawny Harry," the Dutch equivalent of the Grim Reaper
bij mij	in my case, i.e. at my funeral
wat mij betreft	as far as I'm concerned, i.e. at my own funeral
Concertgebouworkest	the world-famous Concertgebouw Orchestra in Amsterdam

asbak, de	ashtray	**letten op**	to pay attention to
beurt: aan de b.	turn (someone's)	**onwillekeurig**	involuntarily, can't help
bezig	busy		
billen (pl.)	butt	**pils, de**	beer
bof, de	stroke of luck	**pilsje, het**	glass of beer
broodje, het	roll	**plassen**	to pee
dragelijk	bearable	**plechtigheid, de**	ceremony
eenvoudig	simple	**rij, de**	row
gek op	crazy about	**stommelen**	to stumble
hartig	salty (of snacks)	**trouwens**	as a matter of fact
heerlijk	marvelous . . .	**verzorgd**	taken care of
indrukwekkend	impressive	**vreselijk**	terrible
laatst	recently	**woest**	furious

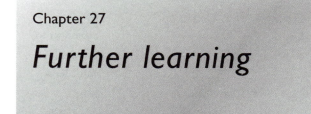

Chapter 27

Further learning

In the preceding 26 chapters, you have had an introduction to the basics of Dutch grammar, perhaps practised conversation, worked your way through some elementary sentences and, in the last chapter, read three stories that were not written in simplified form for this book. We hope you have been gratified to discover how quickly you have been able to move into normal conversation and unedited reading, in other words, how accessible the Dutch language really is.

If you were in class or working with a Dutch speaker, along the way you may have been given some additional suggestions about further places to look for more material on the Dutch language. For all readers of this grammar, but especially for those attempting to master the language on their own and eager to go on from here, our concluding chapter will point out a number of ways in which your continued learning of the language can easily be greatly enhanced.

All this material is supplemented and updated on the Routledge website: www.routledge.com/9780415423076.

27.1 Dutch grammars—intermediate and advanced

Today there is an ever broadening selection of elementary grammars to choose from. The most thorough Dutch grammar for speakers of English is the contrastive:

> Bruce Donaldson, *Dutch: A Comprehensive Grammar*. London and New York: Routledge, 1997; 2nd edn 2007.

This is a reference guide to modern Dutch grammar. It is an accessible description of the language, concentrating on the patterns of use in modern Dutch.

It fills in considerable detail on all the grammatical topics discussed in *Dutch: An Essential Grammar*, emphasizing contrast with English and distinguishing styles/levels of usage in the modern language.

There are appendices on letter writing, geographical proper nouns and abbreviations; in addition there is a glossary of grammatical terms.

Another contrastive grammar is:

W. de Moor and E. Copriau, *A Contrastive Reference Grammar English/ Dutch*. Kapellen: Pelckmans, 1998.

A good Dutch grammar written in Dutch but intended for foreign students of the language is:

A.M. Fontein and A. Pescher-Ter Meer, *Nederlandse grammatica voor anderstaligen*. Utrecht: Nederlands Centrum Buitenlanders, 1998.

The authoritative Dutch description of the standard language, discussing innumerable subtleties of usage, is:

W. Haeseryn et al., *Algemene Nederlandse Spraakkunst*. Groningen: Martinus Nijhoff/Deurne: Wolters Plantyn, 2nd edn 1997 (2 vols).

Online version: **http://oase.uci.kun.nl/~ans/**

27.2 Dictionaries

There is also a wide variety of inexpensive, handily sized dictionaries. Some of them, however, are simply reprints of much older works and many of them do not include illustrative phrases. Since many of these dictionaries were originally intended for Dutch people learning English, some do not include noun genders—a feature that is essential to the English-speaking student.

Most of the dictionaries listed here are also available on CD-ROM.

A modern, moderately priced paperback dictionary that includes both examples illustrating usage and noun genders is:

English–Dutch and Dutch–English Dictionary. Kramers Pocket Dictionaries. Amsterdam/Brussels: Elsevier (2 vols).

Of the next two, the first is the more comprehensive Dutch–English dictionary and the second is a somewhat condensed version of it; all the Van Dale dictionaries are published by Van Dale Lexicologie, Utrecht/ Antwerpen:

Van Dale groot woordenboek Nederlands–Engels, Engels–Nederlands
(2 vols).

Van Dale handwoordenboek Nederlands–Engels (2 vols).

The authoritative large dictionary of the modern Dutch language is:

Van Dale groot woordenboek der Nederlandse taal. 14th edn 2005
(3 vols).

Two shorter versions of this are:

Van Dale groot woordenboek hedendaags Nederlands.

Van Dale handwoordenboek hedendaags Nederlands.

All the Van Dale dictionaries listed here are also available on CD-ROM.
One of them includes, on the same disc, a very useful synonym dictionary,
which gives considerable extra help with correct idiomatic usage:

Groot woordenboek hedendaags Nederlands and *Groot
Synoniemenwoordenboek.* Van Dale elektronische bibliotheek.

Van Dale also publishes a dictionary especially written for those whose
native language is other than Dutch:

Van Dale Pocketwoordenboek Nederlands als tweede taal.

About 14,000 of the most frequent and useful Dutch words are provided
with simple definitions. Some 650 illustrations further clarify meanings.

Basiswoordenboek Nederlands.

A review of the few thousand most frequent words essential to the beginner.

Another such list is:

J. van de Pol, *Basiswoordenlijst Nederlandse taal.* Den Haag:
Sdu/Antwerpen: Standaard, 1998.

An extremely useful dictionary is:

Bruce Donaldson, *Beyond the Dictionary in Dutch. A guide to correct
word usage for the English-speaking student.* Muiderberg: Coutinho,
1990.

There are, of course, many other types of dictionary available to Dutch
speakers, such as pronunciation, picture, etymological, slang and neologism,
synonym, and frequency dictionaries, and many dictionaries dealing with
specialized vocabularies. One that could be of particular use to the student

is the book—universally referred to as *Het Groene Boekje*—that does not include meanings but lists the officially sanctioned spelling of some 110,000 words, plus correct past tenses and plurals:

Woordenlijst Nederlandse taal. The Hague: Sdu/Antwerpen: Standaard, 2005.

Online version: **http://woordenlijst.org/**

27.3 Reading

Although there is a wide variety of stories and essays in print, there is still a shortage of thoroughly annotated reading material available to beginners. Because of the lamentable fact that published readers (such as the annotated *Reading Dutch* of a few years ago which can now be found only in libraries) tend to have very short lives in print, we will not attempt any list here.

The student who does not have access to Dutch bookstores or a library with a Dutch collection is probably best advised to make use—if possible—of electronic sources, our next category.

27.4 The Internet

Because of rapid change, this paragraph will list only a few of the most reliable sources. For a variety of regularly updated information on electronic language sources, the reader is urged to consult the Routledge website: www.routledge.com/9780415423076.

There is abundant reading material in Dutch on the Internet, although most of it is not specifically aimed at beginners. All the major daily newspapers and one of the best-known weeklies in the Netherlands maintain a web page, for instance: check www.kranten.com for headlines of national and regional Dutch papers and the main Belgian newspapers. All are linked to the newspaper concerned.

Some main web pages:

NRC-Handelsblad	**www.nrc.nl**
Het Parool	**www.parool.nl**
De Telegraaf	**www.telegraaf.nl**
De Volkskrant	**www.volkskrant.nl**
De Groene Amsterdammer	**www.groene.nl**

Note: More and more newspapers are offering short video clips on their websites. Note also that for some newspapers you have to log in. Registration is free.

In Belgium:

De Standaard	**www.standaard.be**
Gazet van Antwerpen	**www.gva.be**
De Morgen	**www.demorgen.be**

Everything related to Dutch public television and radio can be found on the website:

http://portal.omroep.nl/

Those interested in hearing Dutch short-wave broadcasts can find the schedule on the web page of the *Radio Nederland Wereldomroep*:

www.radionetherlands.nl

The most reliable source of information on recent novels and stories, usually including some samples, is the website of the *Nederlands Literair Produktie-en Vertalingenfonds*:

www.nlpvf.nl

The Digital Library for Dutch literature (DBNL), **http://www.dbnl.nl/**, has an enormous archive with books for those whose reading capacity is already rather good.

There are introductory Dutch courses on the Internet, but what is currently available changes very rapidly. Some suggestions are available on the Routledge website.

The student who has access to the Internet is urged to become familiar with the website of the *Nederlandse Taalunie* (Dutch Language Union), an intergovernmental organization that in many ways promotes the Dutch language and letters in the Low Countries and abroad. The site contains a number of links to many pages concerning the Dutch language:

http://taalunieversum.org/

A society in the Netherlands called the *Genootschap Onze Taal* publishes an engagingly written monthly newsletter full of interesting articles about all aspects of the modern Dutch language. Its website offers information and links to other sites on dictionaries, spelling questions, hints on usage, history of the language and—perhaps most importantly—Dutch language courses:

www.onzetaal.nl

Links to many further sources of information concerning the Low Countries can be found on the official governmental sites in the Netherlands and Flanders:

www.minbuza.nl

www.vlaanderen.be

27.5 Other resources

Detailed updated information on these can also be found on the Routledge website. Several Dutch introductory courses available in bookstores include one or two CDs. One of these, consisting of a textbook and two audio CDs, is:

> Gerda Bodegom and Bruce Donaldson, *Colloquial Dutch 2: The next step in language learning.* London and New York: Routledge, 2005.

The book consists of 12 units on a variety of subjects dealing with modern life in the Netherlands. Each recorded unit is comprised of texts, dialogues and audio exercises and the book contains language reviews, written exercises, explanatory material and vocabulary.

For a more basic introduction to the language, you can use:

> Bruce Donaldson, *Colloquial Dutch.* London and New York: Routledge, 2008.

Among other introductory courses that include CDs and CD-ROMs, perhaps the most ambitious is:

> *Help! Een cursus Nederlands voor anderstaligen: 1. Kunt u mij helpen?; 2. Kunt u mij even helpen?; 3. Zal ik u even helpen?* Utrecht: Nederlands Centrum Buitenlanders.

27.6 Histories of the Dutch language

The most thorough presentation of the Dutch language is:

> Pierre Brachin, *The Dutch Language: A survey.* Leiden: Brill, 1985.

A brief description of the language, offering a sketch of its history and its place within the Germanic language family, is:

225

O. Vandeputte and J. Fermant, *Dutch: The language of twenty million Dutch and Flemish people*. Rekkem: Stichting Ons Erfdeel, 1986.

More linguistically oriented is:

Bruce Donaldson, *Dutch: A linguistic history of Holland and Belgium*. Leiden: Martinus Nijhoff, 1983.

27.7 Books on the Netherlands and Flanders

It is not easy to find books on the Low Countries that do not emphasize the touristic aspects. A serious attempt to describe many aspects of the modern Netherlands, in which several other books on the Netherlands are listed, is:

William Z. Shetter, *The Netherlands in Perspective: The Dutch way of organizing a society and its setting*. Utrecht: Nederlands Centrum Buitenlanders, 1997, second edition, 2002.

In 1993, the cultural foundation *Stichting Ons Erfdeel* began publishing an English-language yearbook containing lavishly illustrated articles on all aspects of present and past cultural life in the Netherlands and Flanders:

The Low Countries: Arts and society in Flanders and the Netherlands. A yearbook. Rekkem: Stichting Ons Erfdeel.

At a considerably more informal level are the informative promotional-cultural quarterlies published by the governments of, respectively, the Netherlands and Flanders:

Holland Horizon. The Hague: Ministry of Foreign Affairs.

Flanders. Brussels: Ministry of Flanders.

Strong and irregular verbs in common use

These verbs are grouped according to the seven classes introduced in Chapter 12, section 12.2. The principal parts are not given in the general vocabulary, but the number following a strong verb indicates which class in this list it belongs in. This list includes a few frequently used strong and irregular verbs with unstressed prefix, but most of them, and in addition all strong verbs with stressed prefix, are to be found only in the general vocabulary.

The present perfect is conjugated with **hebben** with the exception of (a) those that require **zijn** (indicated by **is**) and (b) those that are conjugated with either **hebben** or **zijn** (**heeft/is**) depending on the conditions introduced in Chapter 12, section 12.2.3.

I

begrijpen	begreep, begrepen	begrepen	to understand
bijten	beet, beten	gebeten	to bite
blijken	bleek, bleken	is gebleken	to appear
blijven	bleef, bleven	is gebleven	to stay
drijven	dreef, dreven	heeft/is gedreven	to float
glijden	gleed, gleden	heeft/is gegleden	to glide
grijpen	greep, grepen	gegrepen	to grasp
kijken	keek, keken	gekeken	to look
krijgen	kreeg, kregen	gekregen	to get
lijken	leek, leken	geleken	to look like
rijden	reed, reden	heeft/is gereden	to ride

rijzen	rees, rezen	is gerezen	to rise
schijnen	scheen, schenen	geschenen	to appear, shine
schrijven	schreef, schreven	geschreven	to write
snijden	sneed, sneden	gesneden	to cut
stijgen	steeg, stegen	is gestegen	to rise
verdwijnen	verdween, verdwenen	is verdwenen	to disappear
vermijden	vermeed, vermeden	vermeden	to avoid
wijzen	wees, wezen	gewezen	to point out
zwijgen	zweeg, zwegen	gezwegen	to be silent

2a

bieden	bood, boden	geboden	to offer
genieten	genoot, genoten	genoten	to enjoy
gieten	goot, goten	gegoten	to pour, cast
kiezen	koos, kozen	gekozen	to choose
schieten	schoot, schoten	geschoten	to shoot
verbieden	verbood, verboden	verboden	to forbid
verliezen	verloor, verloren	heeft/is verloren	to lose
vliegen	vloog, vlogen	heeft/is gevlogen	to fly
vriezen	vroor, voren	gevroren	to freeze

2b

buigen	boog, bogen	gebogen	to bend
druipen	droop, dropen	gedropen	to drip
fluiten	floot, floten	gefloten	to whistle
kruipen	kroop, kropen	heeft/is gekropen	to crawl
ruiken	rook, roken	geroken	to smell

schuiven	schoof, schoven	geschoven	to push
sluiten	sloot, sloten	gesloten	to close

3a

beginnen	begon, begonnen	is begonnen	to begin
binden	bond, bonden	gebonden	to tie
drinken	dronk, dronken	gedronken	to drink
klinken	klonk, klonken	geklonken	to sound
krimpen	kromp, krompen	is gekrompen	to shrink
schrikken	schrok, schrokken	is geschrokken	to be startled
springen	sprong, sprongen	heeft/is gesprongen	to jump
vinden	vond, vonden	gevonden	to find
winnen	won, wonnen	gewonnen	to win
zingen	zong, zongen	gezongen	to sing
zinken	zonk, zonken	is gezonken	to sink

3b

gelden	gold, golden	gegolden	to be valid
schenken	schonk, schonken	geschonken	to give, pour
trekken	trok, trokken	getrokken	to pull
zenden	zond, zonden	gezonden	to send
zwemmen	zwom, zwommen	heeft/is gezwommen	to swim

4

bevelen	beval, bevalen	bevolen	to command
breken	brak, braken	heeft/is gebroken	to break
komen	kwam, kwamen	is gekomen	to come

nemen	nam, namen	genomen	to take
spreken	sprak, spraken	gesproken	to speak
steken	stak, staken	gestoken	to prick, stick
stelen	stal, stalen	gestolen	to steal

5a

eten	at, aten	gegeten	to eat
genezen	genas, genazen	genezen	to recover (health)
geven	gaf, gaven	gegeven	to give
lezen	las, lazen	gelezen	to read
meten	mat, maten	gemeten	to measure
treden	trad, traden	is getreden	to step
vergeten	vergat, vergaten	heeft/is vergeten	to forget

5b

bidden	bad, baden	gebeden	to pray
liggen	lag, lagen	gelegen	to lie
zitten	zat, zaten	gezeten	to sit

6

dragen	droeg, droegen	gedragen	to wear, carry
graven	groef, groeven	gegraven	to dig
slaan	sloeg, sloegen	geslagen	to strike
varen	voer, voeren	heeft/is gevaren	to sail

7a

blazen	blies, bliezen	geblazen	to blow (breath)
houden	hield, hielden	gehouden	to hold, love
laten	liet, lieten	gelaten	to let
lopen	liep, liepen	heeft/is gelopen	to walk, run
roepen	riep, riepen	geroepen	to call
slapen	sliep, sliepen	geslapen	to sleep
vallen	viel, vielen	is gevallen	to fall

7b

bederven	bedierf, bedierven	heeft/is bedorven	to spoil, to go bad
helpen	hielp, hielpen	geholpen	to help
scheppen	schiep, schiepen	geschapen	to create
sterven	stierf, stierven	is gestorven	to die
werpen	wierp, wierpen	geworpen	to throw
werven	wierf, wierven	geworven	to acquire

Miscellaneous

bewegen	bewoog, bewogen	bewogen	to move
gaan	ging, gingen	is gegaan	to go
hangen	hing, hingen	gehangen	to hang
scheren	schoor, schoren	geschoren	to shave
vangen	ving, vingen	gevangen	to catch
wegen	woog, wogen	gewogen	to weigh
worden	werd, werden	is geworden	to become
zweren	zwoer, zwoeren	gezworen	to swear

Irregular

bestaan	bestond, bestonden	bestaan	to exist
doen	deed, deden	gedaan	to do
slaan	sloeg, sloegen	geslagen	to hit
staan	stond, stonden	gestaan	to stand
verstaan	verstond, verstonden	verstaan	to understand
weten	wist, wisten	geweten	to know
zien	zag, zagen	gezien	to see

Irregular verbs of various types

bakken	bakte, bakten	gebakken	to bake, fry
bezoeken	bezocht, bezochten	bezocht	to visit
braden	braadde, braadden	gebraden	to roast
brengen	bracht, brachten	gebracht	to bring
denken	dacht, dachten	gedacht	to think
hebben	had, hadden	gehad	to have
heten	heette, heetten	geheten	to be called
jagen	joeg, joegen	gejaagd	to chase
kopen	kocht, kochten	gekocht	to buy
kunnen	kon, konden	gekund	to be able
lachen	lachte, lachten	gelachen	to laugh
moeten	moest, moesten	gemoeten	to have to
mogen	mocht, mochten	gemogen	to be permitted to
plegen	placht, plachten	—	to be accustomed to
raden	raadde, raadden	geraden	to guess
scheiden	scheidde, scheidden	heeft/is gescheiden	to separate, divorce

verkopen	verkocht, verkochten	verkocht	to sell
vouwen	vouwde, vouwden	gevouwen	to fold
vragen	vroeg, vroegen	gevraagd	to ask
waaien	woei, woeien/waaide(n)	gewaaid	to blow
wassen	waste, wasten	gewassen	to wash
willen	wilde(n), wou	gewild	to want to
zeggen	zei, zeiden	gezegd	to say
zijn	was, waren	is geweest	to be
zoeken	zocht, zochten	gezocht	to look for
zullen	zou, zouden	—	(future auxiliary)

Strong and irregular verbs in common use

Key to the exercises

Chapter 2

2.3.1 Let's try it

tak	→ takken
maan	→ manen
reus	→ reuzen
brief	→ brieven
feest	→ feesten
kous	→ kousen
zoon	→ zonen
pit	→ pitten
bloem	→ bloemen
das	→ dassen
woord	→ woorden
leuk	→ leuke
vies	→ vieze
dik	→ dikke
boos	→ bose
raar	→ rare
serieus	→ serieuze
mooi	→ mooie
arm	→ arme

Chapter 3

3.3.1　Let's try it

broodjes	kranten	hobby's	dagen	bananen
steden	foto's	professoren	docentes	moeilijkheden
leraren	bakkers	tomaten	eieren	wegen
flessen	zonen	druiven	tafels	politici
menu's	jongens	sufferds	prijzen	kinderen
printers	glazen	lessen	hoofdstukken	restaurants
taxi's	broden	pennen	oorlogen	hotels
kamers	collega's	appels	films	motoren

Chapter 4

4.1.3　Let's try it

het huis	de krant	het ziekenhuis	de dag	het woorden-boek
de fiets	het boek	het meisje	de pen	de straat
de stad	het restaurant	de professor	het boekje	de moeilijkheid
de fles	de muziek	het hoofdstuk	de kamer	de president
de tuin	de bibliotheek	het gebouw	de kat	het kind

4.3.1　Let's try it

Er loopt een kat in onze tuin. De kat is pikzwart.

Gebruik je melk en suiker in je koffie?

Daar loopt een politieagent. De politieagent kan ons vast wel helpen.

Onze computer is kapot. Morgen gaan wij een nieuwe computer kopen.

In de klas zitten vijf jongens en een meisje. De jongens komen uit de Verenigde Staten en het meisje komt uit Canada.

Dit is mijn oudste broer. Hij woont in Frankrijk.

Wat is de Lange Voorhout? Dat is een straat in Den Haag. Het is een straat waar veel ambassades gevestigd zijn.

Chapter 5

5.2.1   Let's try it

1   Mijn neefje komt op bezoek. Hij is vier jaar.

2   Zijn vrouw is een beetje ziek. Zij heeft last van de hitte.

3   Ik ben een beetje ziek.

4   Wij gaan naar de dierentuin. Gaat u ook mee, meneer Kroes?

5   Jij hebt vijf kleinkinderen. Vind je het leuk om opa te zijn?

6   Tot morgen, Hans. Hoe laat kom je?

5.5.2   Let's try it

Infinitive	Stem			
lopen	loop	hij loopt	het loopt	wij lopen
denken	denk	ik denk	u denkt	jullie denken
schrijven	schrijf	jij schrijft	schrijf jij	zij schrijft
zitten	zit	ik zit	je zit	we zitten
wandelen	wandel	u wandelt	zij wandelt	zij wandelen
maken	maak	ik maak	jij maakt	jullie maken
helpen	help	het helpt	u helpt	wij helpen
fietsen	fiets	ik fiets	fiets jij?	zij fiets
lezen	lees	je leest	u leest	ze lezen
liggen	lig	ik lig	het ligt	we liggen

5.6.1   Let's try it

De kat ligt heel lekker op de bank.

Morgen kopen wij een nieuw woordenboek.

Fietsen alle Nederlanders naar hun werk?

Welk boek lees jij op dit moment?

Hij denkt veel aan zijn vriendinnetje.

U werkt zeker erg graag met die nieuwe computer.

Studeren jullie Nederlands aan een Amerikaanse universiteit?

Chapter 6

6.4.1   Let's try it

De docent zit op een stoel voor de klas.

In Nederland wonen vrij veel mensen in een rijtjeshuis.

Jij rijdt op een zogenaamde omafiets.

Op dit schilderij van Paulus Potter staat een man met een stier.

Zie je dat stoplicht? Daar moet je linksaf.

Hij heeft een vraag die de docent niet kan beantwoorden.

Zijn dat de kinderen van Annet en Pieter?

6.6.1   Let's try it

windt	winds	**wint**	wins
laadt	loads	**laat**	lets
kruidt	seasons	**kruit**	wheels (in a wheelbarrow)
schud	shakes	**(be)schut**	shields from

Chapter 7

7.1.2   Let's try it

het ronde gezicht

ronde gezichten

een ronde tafel

een rond gezicht

7.1.4   Let's try it

1 Het witte bord staat op een blauwe tafellaken.

2 De ronde tafels in de grote kamer, zijn praktisch.

3 Hoeveel gerookte zalm wil je?

4 Kan je zure citroenen eten?

5 Dat is een heerlijk gerecht!

6 Deze verse perzikentaart smaakt lekker.

7 Dat is een fantastische fooi!

8 Dat heerlijke nagerecht staat sinds kort op het nieuwe menu.

9 De kok in dit leuke restaurant kookt erg lekker.

10 Veel mensen houden van rauwe haring in Nederland.

7.4.1   Let's try it

1 Mijn broer is dikker dan de president van de Verenigde Staten van Amerika.

2 Haar haar is langer dan het haar van de koningin.

3 Wat heb je liever, een kopje thee of koffie?

4 In het weekend is het natuurlijk drukker in de stad dan door de week.

5 Hij woont verder van de universiteit dan ik.

6 Hij komt vaak later dan zij.

7 Nu ik in een grote stad woon, ga ik vaker naar de bioscoop.

8 Schrijven is voor veel studenten in deze klas gemakkelijker dan spreken.

9 Kunnen jullie alsjeblieft een beetje stiller zijn?

10 Hij doet nog gekker dan anders.

1 Dat is de engste spin die ik ooit gezien heb.

2 Hoe gaat het met de liefste oom van de wereld?

3 Heb je zijn mooiste dochter gezien?

4 Het grootste stuk taart is vandaag voor mij!

5 Hij is verliefd op de oudste dochter van de president.

6 Dat is de moeilijkste vraag die ik ooit gehad heb.

7 Morgen gaan we naar het lekkerste restaurant in de stad.

8 Hier maken ze de heerlijkste pannenkoeken.

9 Dat is de rotste tomaat die ik ooit gezien heb.

10 Kan jij het hoogst springen, of is het je zus die dat kan?

Chapter 8

8.3.1   Let's try it

1 Vertel je broer je verhaal.

2 Schrijf de ouders van je vrouw een brief.

3 Hoeveel keer heb je je leraar dat verteld?

4 Geef je verloofde een geschenk voor Kerstmis.

5 De politieagent geeft de fietser een bekeuring.

6 Sinterklaas geeft de kinderen van de basisschool cadeautjes.

7 De vader leest zijn kinderen elke avond een verhaaltje voor.

8 Hij geeft zichzelf een nieuwe auto.

8.5.1   *Let's try it*

1 Kijk naar hem, hij verkoopt ze.

2 Geef ze aan haar.

3 Betaal hem, anders krijg je geen kaas van hem.

4 Zij laten ze aan ons zien.

5 Kijk uit! Hij ziet jullie niet!

6 Zie je ze?

7 Zij neemt haar op de schoot en ze zegt: "Kaatje, vertel mij eens over de kanarie."

8 Ik ga met hen op de fiets naar de markt.

9 Zoveel mensen kopen niet bij jou.

10 Professor, ik zeg u: het is de beste kaas in Nederland!

Chapter 9

9.1.1   *Let's try it*

1 Vorige week heb ik mijn beste vriendin helpen verhuizen.

2 Heb jij mijn boek gezien? Ik ben het kwijt.

3 Hij gaat samen met zijn ouders naar de diploma-uitreiking.

4 De Koningin ging samen met haar kleinkinderen op de foto.

5 Heeft u gisteren uw paraplu nog gevonden?

6 De hond was zijn speeltje kwijt.

7 Jullie houden natuurlijk liever je jas aan.

8 Wij gaan samen met onze vrienden op skivakantie in Oostenrijk.

9 Dit is ons huis: we wonen er al drie jaar.

10 Zij gaan met hun hele hebben en houden verhuizen.

9.3.4 *Let's try it*

Part one.

1 Dit is jouw boek. Daar ligt het mijne.

2 Is dat jullie auto? Nee, dat is niet de onze.

3 Van wie is dit kopje koffie? Is het het uwe?

4 Hier hangt mijn jas: die van haar ligt daar op de grond.

5 Ons huis is klein, maar dat van jullie is erg groot.

Part two.

1 In mijn kamer staat een grote boekenkast.

2 Heeft jouw vader al die boeken voor je aangeschaft?

3 Houd uw tas altijd bij u, er wordt hier veel gestolen.

4 Zij vergist zich niet zo vaak in de datum.

5 Hij gaat volgend jaar met zijn hele gezin naar Engeland emigreren.

6 Zie je het hondje daar? Zijn baas loopt hem al een tijd te zoeken.

7 Van wie is die auto? Dat is de onze.

8 Ken je Karel en Thea? Daar zie ik ze net lopen. Zal ik je even aan
hun/hen/ze voorstellen?

Chapter 10

10.1.2 *Let's try it*

3 drie

17 zeventien

71 eenenzeventig

298 tweehonderd achtennegentig

1.389 duizend driehonderd negenentachtig

10.461 tienduizend vierhonderd eenenzestig

8,7% acht komma zeven procent

10.5.6   Let's try it

Het is kwart over drie ('s middags).

Het is kwart voor tien.

Na tien minuten kon hij zijn ogen al niet meer open houden.

Om vijf uur heb ik een afspraak.

Vanmiddag ga ik naar een lezing.

De voorstelling van vanavond is uitverkocht.

Veel mensen drinken 's morgens een kopje koffie.

We gaan altijd 's woensdags naar de markt.

Chapter 11

11.2.3   Let's try it

Hij werkte in de jaren 70 bij de Universiteit van Groningen.

Wij woonden toen nog in de polder.

Jij praatte gisteren de hele tijd met haar.

Sara en Karel schudden echt van het lachen.

Wij verhuisden in dat jaar naar het oosten van het land.

Met Sinterklaas zette ik altijd mijn schoen.

Zij hoopte op mooi weer, maar volgens mij regende het de hele tijd.

Ik verfde mijn haar op Koninginnedag helemaal oranje.

11.3.1   Let's try it

gefietst	gepakt
geantwoord	herinnerd
gezegd	ontdekt
getrouwd	geloofd
betaald	geleefd

11.4.1 Let's try it

Hij heeft gisteren uren door de stad gefietst.

Maria heeft niet op de vraag geantwoord.

De twee zusjes hebben allebei in Utrecht gestudeerd.

Jij hebt op maandag niet zo veel gezegd.

Hebben jullie dit weekend lekker gedanst?

De docent heeft de vraag niet gehoord.

Ik heb zijn verhaal niet geloofd.

Wie heeft de koffie betaald?

Vorige week heb ik uren met hem gepraat.

De president heeft als kind veel gereisd.

Chapter 12

12.2.4 Let's try it

kijken:	keek—keken
worden:	werd—werden
bieden:	bood—boden
lopen:	liep—liepen
schrikken:	schrok—schrokken
zwemmen:	zwom—zwommen
komen:	kwam—kwamen

12.3.1 Let's try it

1 Gisteren zijn wij naar Maastricht gereden.

2 We hebben de hele dag in de stad gelopen.

3 Vorige winter hebben wij tot in Leeuwarden geschaatst.

4 Mijn haar is dertig centimeter langer geworden.

5 Wij zijn in minder dan zes uur naar Zaventem, de luchthaven van
Brussel gevlogen!

6 Annie M.G. Schmidt is in 1995 gestorven.

7 Dit weekend hebben wij drie uur lang door het bos gefietst.

8 Ik heb gisteren voor het eerst van mijn leven gevlogen.

9 Heb jij weleens op natuurijs geschaatst?

10 Ik heb gisteren heerlijk in het Vondelpark gewandeld.

Chapter 13

13.1.5 Let's try it

Infinitive	Simple past singular	Simple past plural	Past participle
staan	stond	stonden	gestaan
vragen	vroeg	vroegen	gevraagd
lachen	lachte	lachten	gelachen
zien	zag	zagen	gezien
zijn	was	waren	geweest

13.3.4 Let's try it

1 Vanmorgen moest ik naar de tandarts. Ik was nog nooit eerder bij
haar geweest.

2 Nadat ik mijn boodschappen had gedaan, ging ik bij De Poort
lunchen.

3 In de vakantie las ik de nieuwste roman van Mulisch. Ik had er al veel
over gehoord.

4 Vroeger liep ik graag een uur langs het strand. Mijn vriendin ging dan
vaak mee.

5 Toen wij klein waren, lazen wij elke dag een stukje in de bijbel.

6 Voordat Ali naar Nederland kwam, had hij nog nooit Nederlands gehoord.

7 Hij vroeg of zij vorige week in Chicago een leuke tijd had/hadden gehad.

8 De docent stelde een vraag / had een vraag gesteld die niemand begreep.

Chapter 14

14.1.8 Let's try it

1 Hij mag morgen een boek kopen, maar hij hoeft niet.

2 Zij kan op zaterdagochtend niet naar het postkantoor gaan.

3 Wij moeten onze brieven op een maandag posten als we willen dat ze op vrijdag aankomen.

4 Zij willen hun oude auto verkopen en een nieuwe Jeep kopen.

5 Ik kon me gisteren niet meer herinneren waar ik mijn sleutels had gelaten.

6 Jij moet elke dag je huiswerk maken voordat je buiten mag spelen.

7 Wil je dat even voor mij doen?

8 Zullen we straks ergens een hapje gaan eten?

9 Wij mogen een woordenboek gebruiken bij dat examen.

10 Zij zal op dit moment nog niet thuis zijn.

14.3.1 Let's try it

1 Wij hoeven het binnenlandse nieuws niet te lezen.

2 Jullie willen het NRC niet.

3 Jij kunt het kruiswoordraadsel van vandaag niet oplossen.

4 Mijn sportkatern mag je niet lezen.

5 Zij zal vandaag niet komen.

14.6.3 Let's try it

1 Wij wilden een vakantie bespreken.

2 Hij moest een uur op de trein wachten.

3 Wij zouden hem even helpen.

4 Zij mocht de test maandag doen.

5 Jij kon voor dinsdag een afspraak maken.

6 Ik hoorde hem in de gang lopen.

7 Zij lag in bed te lezen.

1 Hij heeft de pizza helemaal mogen opeten.

2 Ik heb dit weekend dat dikke boek willen uitlezen.

3 Heeft hij jullie kunnen helpen?

4 Op zaterdag heeft hij zijn auto laten wassen.

5 Wij hebben met z'n allen op jou staan wachten!

6 Zij heeft ons zien lachen.

7 Zijn jullie elke dag gaan wandelen?

Chapter 15

15.1.4 Let's try it

1 De trein zal vandaag van spoor 8b vertrekken.

2 Het gaat een warme zomer worden.

3 Ik zal je morgen je woordenboek teruggeven.

4 Ik zal je enorm missen. Ik ga je enorm missen.

5 Dat zal nooit gebeuren!

6 Hij zou in juli moeten verhuizen.

7 Zullen jullie samen met ons naar Nederland willen?

15.2.4 Let's try it

1 Ik ben mijn schaatsen aan het schoonmaken.

2 Wij zaten te internetten.

3 Ik was de was aan het doen.

4 Ze staan op Sinterklaas te wachten.

5 Ik was aan het winkelen.

6 Ik ben de krant aan het lezen.

7 Hij is bezig het gras te maaien.

8 Hij ligt te slapen.

9 Hij zit te denken.

10 Ze zijn voor een examen aan het studeren.

Chapter 16

16.1.2 Let's try it

(less abrupt)	Kom eens binnen. Eet je bord eens leeg.
(mild encouragement)	Kijk maar in het woordenboek. Kom maar een keertje langs.
(casual)	Ga even zitten. Bel hem even op.
(irritation)	Hou toch op! Ga toch weg!

16.1.5 Let's try it

1 Denk even rustig na. (just a moment/softens the force of the imperative)

2 Zal ik eerst even een kopje koffie halen? (it will take just a moment)

3 Ga toch maar zitten. (encouragement)

4 Ben je al eens in het Rijksmuseum geweest? (sometimes)

5 Die zin is fout, toch? (asking for confirmation)

6 Het zal allemaal wel goed komen. (mild reassurance)

7 Ik ga toch naar dat concert, hoewel ik het niet van plan was. (after all)

8 Hij wilde het niet geloven, maar het is toch echt zo. (forceful confirmation following a negation)

9 Doe de deur toch dicht! Het tocht hier. (irritation)

10 De laatste trein is toch al weg? (asking for confirmation)

16.2.1   Let's try it

1 Je doet maar waar je zin in hebt.

2 Hij moet even weg.

3 Zij heeft het hem uiteindelijk toch gezegd.

4 Je hoeft je geen zorgen te maken. Het is wel afgewerkt.

5 Kom eens hier.

6 Jij hebt dat toch maar goed gedaan!

7 Heb je wel eens in het donker geschaatst?

Chapter 17

17.2.6   Let's try it

1 Hij wil niet instappen.

2 Wanneer komen zij aan/zijn zij aangekomen?

3 Doe de deur dicht!

4 Ik waarschuw je/heb je gewaarschuwd: Denk goed na!

5 Hij reed gisteren weg zonder te betalen.

6 Hoeveel vertraging liepen jullie op die reis op/hebben jullie opgelopen?

7 Wil je dat boek even neerleggen?

8 Ze kenden hem vorig jaar die beurs toe.

9 De buren nodigen/nodigden ons uit voor hun gouden bruiloftsfeest.

10 De hele vakantie sta/stond ik niet voor 10 uur op.

11 Wie bel/belde je vanmorgen op?

12 Vroeger spraken zij altijd af op vrijdagavond in de stad.

17.4.1 Let's try it

1 door<u>zoe</u>ken: to search through; <u>door</u>zoeken: to continue to search

   a Ga jij maar naar huis. Ik zal het huis wel verder doorzoeken.
   b Ik weet dat het al laat is, maar we zijn bijna klaar. Kan je nog wat doorzoeken?

2 <u>on</u>dergaan: to go under; onder<u>gaan</u>: to undergo

   a De vijand moest wel ondergaan toen er zoveel soldaten waren gedeserteerd.
   b De vijand moest een hele reeks folteringen ondergaan.

3 <u>voor</u>komen: to happen; voor<u>kom</u>en: to prevent

   a Kan hij zo'n ramp voorkomen?
   b Kan zo'n ramp voorkomen?

4 <u>door</u>lopen: keep walking; door<u>lop</u>en: walk/go through

   a U kunt hier nog een eindje doorlopen.
   b Voor zijn presentatie wil hij zijn aantekeningen nog eens doorlopen.

5 <u>o</u>verdrijven: pass over; over<u>drij</u>ven: exaggerate

   a Je moet niet zo overdrijven!
   b Volgens mij gaat die onweersbui overdrijven.

6 <u>o</u>verstromen: flow over; over<u>stro</u>men: flood, inundate

   a De vele regen heeft ervoor gezorgd dat het land is overstroomd.
   b Ga de kraan dichtdoen! Ik hoor het bad overstromen.

7 <u>o</u>verkomen: come over; over<u>kom</u>en: happen to

   a Dat kan de beste overkomen.
   b Zij zullen volgend jaar overkomen.

8 <u>om</u>kleden: change clothes; om<u>kle</u>den: substantiate

   a Je moet dat met redenen omkleden.
   b Ze gingen zich eerst omkleden voor ze naar het feestje gingen.

Chapter 18

18.2.5 Let's try it

1 Hij werkte de hele dag hoewel hij ziek was.

2 Die beeldhouwer werkt het liefst met marmer sinds hij in Italië heeft gestudeerd.

3 Van Goghs schilderijen brengen zoveel geld op nu hij over de hele wereld bekend is.

4 Wij vroegen haar niets over dit boek omdat zij niet van die schrijver houdt.

5 Zij laat het boek pas verschijnen nadat alle personen gestorven zijn.

6 Weet u toevallig of er veel schilderijen van Van Gogh in het Kröller Müller museum hangen?

7 Hij schilderde maar door hoewel niemand zijn schilderijen mooi vond.

8 Wij kunnen veel over de tijd van Vermeer leren in zijn schilderijen terwijl er bijna niets bekend is over zijn leven.

9 Ik weet niet of je van Rubens" schilderijen houdt.

10 Ik had een gevoel van herkenning toen ik Magrittes werk zag.

18.3.2 Let's try it

1 Die paarse auto die daar rijdt, is een Smart.

2 Ik zie een man die twee jaar in Brussel heeft gewoond.

3 Ik heb een woordenboek dat heel erg goed is.

4 Gebruiken jullie een computer die al meer dan tien jaar oud is?

5 Hij heeft een huis dat in de zeventiende eeuw gebouwd is.

6 Op deze plank staan alle boeken die ik nog niet gelezen heb.

7 Begrijp jij alle woorden die in deze tekst staan?

8 Dat is nu zo'n vraag die ik niet kan beantwoorden.

18.3.4 Let's try it

1 De studenten met wie hij zit te praten, komen allemaal uit de Verenigde Staten.

2 De auto waarmee wij naar Canada gaan, is vorige week helemaal nagekeken.

3 Het liedje waarnaar wij luisterden, was een grote hit in de jaren tachtig.

4 Dat is een vrouw met wie ik heel graag een keer van gedachten wil wisselen.

5 Dat is een naslagwerk waarin ik niets kan vinden.

6 Zij heeft een vriendin met wie zij altijd op vakantie gaat.

7 Vanavond is er op tv een documentaire waarnaar ik heel graag wil kijken.

8 Hij heeft een tafel gekocht waaraan je heel gemakkelijk kunt werken.

18.3.6 Let's try it

1 Het gebouw, dat getekend werd door Victor Horta, is gewoon prachtig. (neuter singular, object)

2 Rembrandt is arm gestorven, wat ik erg triest vind. (entire idea)

3 Ze namen hem alles af wat voor hem van belang geweest was. (indefinite pronoun)

4 De beeldhouwer bij wie we een buste besteld hadden, is ondertussen gestorven. (singular person)

5 Het schilderij waarvan we een poster hebben, is gisteren uit het Rijksmuseum gestolen. (neuter singular, object of preposition)

Chapter 19

19.5.1 Let's try it

1 De trein vertrekt pas om acht uur 's avonds.

2 De president bracht een bezoek aan België.

3 Hij gaat over/voor drie dagen naar New York.

4 Wij gaan met Kerstmis naar mijn oma.

5 Bij ons thuis aten we elke avond warm.

6 Zij wist niet wat zij op die vraag moest antwoorden.

7 Jij hebt zin in een kopje koffie? Nou, daar is een leuk cafeetje.

8 Gefeliciteerd met je verjaardag.

9 Ik kan dan niet: ik moet om 9 uur bij de dokter zijn.

10 In de zomer genieten wij erg van die lange avonden.

11 Hij hoopt dat over een maand of drie alles opgelost is.

12 Hebt u terug van 50 euro?

13 Ik zal buiten op je wachten.

14 Mijn kleine broertje zit nog op school.

15 Geef dat maar aan de secretaresse.

16 Daar heb je helemaal gelijk in.

Chapter 20

20.1.4   Let's try it

1 In het voorjaar gaan wij niet zo vaak met de boot varen.

2 Als hij genoeg geld heeft, koopt hij dit najaar een nieuwe auto.

3 Toen wij gisteren thuiskwamen, moesten wij eerst even bijkomen van de lange reis.

4 Zij heeft het nieuwste boek van die detectiveschrijftster gekocht.

5 De premier heeft alle vragen in het wekelijkse vragenuurtje beantwoord.

20.2.2   Let's try it

1 Ben je geschikt voor die baan?/Heb ik hem gezegd . . .?

2 Solliciteert Mark morgen bij een nieuw bedrijf?

3   Heeft zij net een nieuwe secretaresse aangenomen?

4   Hebben zij net vorige maand een bedrijf opgestart?

5   Heeft zij geen baan?

6   Heeft het thuisteam met drie punten verschil gewonnen?

7   Hoeven wij morgen niet te spelen?

8   Is Rembrandt de bekendste Nederlandse schilder?

20.3.1   Let's try it

1   Hij was zo verdrietig dat hij de hele tijd huilde.

2   Zij zei tegen mij dat zij dat wel voor mij doen wilde.

3   Omdat zij haar moeder zo vreselijk miste, belde zij haar op.

4   Hij gaat pas naar huis als hij tien rondjes heeft gerend/gerend
    heeft.

5   Nadat de politieagent hem bekeurd had, mocht hij weer verder
    rijden.

20.5.4   Let's try it

1   Heb je dat boek niet gelezen?

2   Hij heeft haar niet aangeworven.

3   Ik zei hem, dat hij niet mocht komen.

4   Hij vraagt niet of hij veel zal verdienen.

5   Rook je niet?

6   Vind je dit niet moeilijk?

7   Weet je niet de weg naar het museum?/Weet je de weg niet . . . ?

8   Ga je morgen niet naar Gent?

9   Tom kocht gisteren geen computer.

10 Omdat hij vorige week niet kon gaan, gaat hij er dit weekend
    naartoe.

Chapter 21

21.1.3 Let's try it

Er heeft een jongen uit de klas een vraag gesteld.

Er ligt nog een ander boek van Maria op de grond.

Er staan veel dvd's in de kast.

Er zit niets in mijn broekzak.

Er kijken veel jongeren naar dat televisieprogramma.

Er bevindt zich een kerk midden in het dorp.

21.2.1 Let's try it

1 Ik zit er al uren op.

2 Zij kijkt er nu naar.

3 Wij hebben er veel vragen over.

4 Kun je er iets meer over vertellen?

5 Wat haalde je er gisteren uit?

6 Zij heeft er veel zin in.

7 Heb jij er 1.000 dollar voor betaald?

8 Hij denkt er wel erg lang over na.

9 Je kunt er niet goed mee schrijven.

Chapter 22

22.1.5 Let's try it

vrouwtje	boezempje	mormeltje
dekentje	mannetje	tuintje
scheepje	geheimpje	kruimeltje
darmpje	zalmpje	nichtje
regeltje	boekje	zoentje
dingetje	raampje	sterretje
schooltje	kannetje	museumpje

Chapter 23

23.4.1 Let's try it

1   Haar neus wordt geopereerd.

2   Zijn wonde werd genezen.

3   Is de ambulance opgebeld?

4   Mijn tanden moeten gepoetst worden.

5   Wanneer is een afspraak gemaakt met de dokter?/ . . . met de dokter een afspraak.

6   Hoe lang geleden zijn je tanden schoongemaakt?

7   De patiënten worden elke dag bezocht.

8   Hoeveel pillen zijn voorgeschreven?

23.6.1 Let's try it

1   In de bioscoop mag niet gerookt worden.

2   Er werd vroeger veel meer spek gegeten dan nu.

3   De inbreker is door de politie op heterdaad betrapt.

4   De minister-president wordt vandaag geopereerd.

5   In Frankrijk wordt veel kaas gegeten.

6   Vorig weekend heb ik een pan erwtensoep gemaakt.

Chapter 24

24.3.7 Let's try it

1   Goedemorgen, hoe maakt u het?

2   Wat bedoelt hij daarmee?

3   Het concert was echt goed; het viel mee.

4   Ik ken jouw buurman niet.

5   Hij herinnert zich niet meer of het dinsdag of woensdag was.

6 Toen verstonden zij niet meer wat hij zei, omdat er zoveel lawaai was.

7 Hij zit op een stoel in de keuken de krant te lezen.

8 Het kind blijft maar huilen, zonder ophouden.

9 Hoe lang wonen jullie al in Maastricht?

10 Na die bankoverval moest hij 6 jaar zitten.

Chapter 25

25.1.1 Let's try it

1 het woord "word" + het boek "book" = "dictionary"

2 de kamer "room" + de deur "door" = door to the room

3 uit "out" + het zicht "sight" = "view"

4 buiten "outside" + het verblijf "residence" = "country residence"

5 het werk "work" + het woord "word" = "verb"

6 in "in" + schenken "to present" = "pour in"

7 binnen "inside" + lopen "to move" = "arrive"

8 de fiets "bicycle" + het slot "lock" = "bicycle lock"

9 ziek "sick" + het huis "house" = "hospital"

10 de voet "foot" + de bal "ball" = "soccer" + elftal "aggregate of 11" =
"soccer team"

25.4.1 Let's try it

1 momentary, at the moment

2 friendly

3 unhappy (also means "unlucky")

4 looking for work

5 nervous

6 watery

7 doubtful

Dutch–English vocabulary

If a verb is reflexive, that is indicated by (**zich**) following the verb. If the verb is strong or irregular, the number following it indicates where the principal parts are to be found in the appendix "Strong and irregular verbs in common use." Separable verbs are indicated by (sep).

The plural of nouns is indicated between brackets. If there are two possible plurals, the preferred one is given first. Both possibilities are separated from each other by a slash.

When on an unpredictable syllable, the place of the stress is indicated by an underline.

A

aan   at, on
aanbellen (sep) to ring (doorbell)
aanbevelen (sep) 4   to recommend
aanbieding(en), de: in de a.   on sale
aandoen (sep) **irr**   to turn on
aangezien   in view of the fact that
aankijken (sep) 1   to look at
aankomen (sep) 4   to arrive
aannemen (sep) 4   to accept, take on
aanschaffen (sep)   to acquire
aansteken (sep) 4   to light
aantekening(en), de   note
aantrekkelijk   attractive
aantrekken (sep) 3b   to put on, attract
aanvaarden   to accept
aanwerven (sep) 7b   to obtain, hire
aanwezig   present
aardappel(en/s), de   potato
aardig   pleasant

academisch   academic
accent(en), het   accent
achter   behind
achteraan   (direction) behind
achttien   eighteen
adres(sen), het   address
adviseren   to advise
af   off, down
afgelasten (sep)   to call off
afgewerkt   finished
afhangen (sep) **misc: a. van**   to depend on
afnemen (sep) 4   to decrease, take away from
afsluiten (sep) 2b   to shut down, close up
afspraak (afspraken), de   appointment, agreement
afspreken (sep) 4   to make an appointment
afstand(en), de   distance
afvragen (sep) **irr var: zich a.**   to wonder
afwassen (sep) **irr var**   to wash dishes

afzetten (sep)   to remove
agent(en), de   policeman
al   already
al   all
alinea('s), de   paragraph
alle   all
alle(n)   all
allebei   both
allemaal   all
als   as
als   if, when
alstublieft, alsjeblieft   please
altijd   always
aluminium (-), **het**   aluminium
ambassade(s), de   embassy
ambulance(s), de   ambulance
Amerika, het   the U.S.A.
ander   other
anderhalf   one and a half
anders   otherwise
anders: iets a.   something else
antwoord(en), het   answer
antwoorden   to answer
appel(s/en), de   apple
april   April
arm   poor
arm(en), de   arm
arresteren   to arrest
arts(en), de   physician
augustus   August
auto('s), de   automobile
avond(en), de   evening

B

baan (banen), de   way, street; job
baas (bazen), de   owner, boss
baby('s) de   baby
bad(en), het   bath
badkamer(s), de   bathroom
bagage (-), **de**   luggage
bakje(s), het   box
bakken   to bake, fry
bakker(s), de   baker
banaan (bananen), de   banana

band(en), de   tire
bang   afraid
bank(en), de   bench, sofa, couch, bank
bankoverval(len), de   bank robbery
barbecuen   to barbecue
basisschool(-scholen), de   elementary
   school
bazin(nen), de   woman boss
beamen   to confirm
beantwoorden   to answer
bed(den), het   bed
bedanken   to thank
bedoelen   to mean, intend
bedrag(en), het   amount (money)
bedrijf (bedrijven), het   company
beeld(en), het   picture, image
beeldhouwer(s), de   sculptor
been (benen), het   bone, leg
beetje   little bit
begin (-), **het**   beginning
beginnen 3a   to begin
begrijpen 1   to understand, comprehend
behagen(s), het   desire
behalve   except
behangen   to wallpaper
behoefte(s), de   need; **b. aan**   need of
beide(n)   both
beige   beige
bekend   known
bekeuren   to write a ticket
bekeuring(en), de   (traffic) ticket
bekoorlijk   attractive
bekoren   to attract, charm
bel(len), de   bell
belachelijk   ridiculous
belang(en), het   importance
belangrijk   important
Belgisch   Belgian
bellen   to ring, phone
beloven   to promise
beneden   below
berekenen   to figure
berg(en), de   mountain; **b. op**   uphill,
   b. af   downhill
beschutten   to protect

besluit(en), het   decision

bespreken 4   to discuss, reserve

best   (see goed)

bestaan irr   to exist; b. uit   to consist of

bestellen   to order, deliver

betalen   to pay

betekenen   to mean, signify

betekenis(sen), de   meaning

beter   (see goed)

betrouwbaar   dependable

beurs (beurzen), de   scholarship

beurt(en), de   turn

bevinden 3a: zich b.   to be located

bevrijden   to liberate

bewegen 3b   to move

beweging   movement

bezem(s), de   broom

bezig zijn te   to be in the act of

bezoek(en), het   visit; een b. brengen aan
   to visit

bezoeken irr var   to visit

bibliotheek (bibliotheken), de   library

bieden 2a   to offer

bier(en), het   beer

bij   at house of, with, at

bijbel(s), de   bible

bijkomen (sep) 4 van   to recover from

bijvoorbeeld   for example

binden 3a   to tie

binnen   inside of

binnenkomen (sep) 4   to come in

binnenlands   domestic

binnenlopen (sep) 7a   to come in, arrive

biograaf (biografen), de   biographer

bioscoop (bioscopen), de   movies, movie
   theater

blad (bladeren), het   leaf

blank   white

blauw   blue

bleek   pale

bleekjes   pale, in a weak way

blij   happy; b. om   happy about

blijven 1   to stay; b. + inf to keep on
   -ing

bloem(en), de   flower

bloes (bloezen), de   blouse

blozen   to blush

blusapparaat (-apparaten), het   fire
   extinguisher

blussen   to extinguish

boek(en), het   book

boekenkast(en), de   bookcase

boekje(s), het   booklet

boel (-), de   mess, stuff

boer(en), de   farmer

boerderij(en), de   farm

boetiek(s), de   boutique

boezem(s), de   bosom

bom(men), de   bomb

boodschap(pen), de   errand, message

boom (bomen), de   tree

boon (bonen), de   bean

boos   angry; b. op   mad at

boot (boten), de   boat

bord(en), het   plate, sign

bord, het   blackboard

bos(sen), het   forest

bouwen   to build

boven   above

bovenkomen (sep) 4   to come up

breedte(s), de   breadth

brengen irr var   to bring, take

brief (brieven), de   letter

broek(en), de   pair of pants

broekzak(ken), de   pants pocket

broer(s), de   brother

brood (broden), het   bread

broodje(s), het   roll

Brugge   Bruges

bruiloftsfeest(en), het   wedding
   anniversary

bruin   brown

Brussel   Brussels

bui(en), de   shower

buigen 2b   to bend

buiten   outside (of)

buitenlander(s), de   foreigner

buitenlands   foreign

buitenverblijf (-verblijven), het   country
   house

buitenwereld (-), de   outside world
buitenwijk(en), de   suburb
bus(sen), de   box, bus
buste(s), de   bust
buur (buren), de   neighbor
buurt(en), de   neighborhood
buurvrouw(en), de   neighbor (fem.)

C

cadeau(s), het   present
caravan(s), de   caravan, house trailer
catalogus (catalogi/catalogussen), de
   catalog
centimeter(s), de   centimeter
centraal   central
centrum (centrums/centra), het   center
champagne(s), de   champagne
chirurg(en), de   surgeon
citroen(en), de   lemon
collega('s), de   colleague
commentaar (commentaren), het
   commentary
compromis(sen), het   compromise
computer(s), de   computer
computerspel(len), het   computer game
concert(en), het   concert
conferentie(s), de   conference
congres(sen), het   conference
copiëren   to copy

D

daar   because
dag(en), de   day
dagelijks   daily
dak(en), het   roof
dan   then
dan   than
dans(en), de   dance
dansen   to dance
danser(es) (dansers/danseressen),
   de   dancer m/f
darm(en), de   intestine
das(sen), de   necktie
dat   that (pron.)

dat   that (conj.)
datum (data/datums), de   date
de   the
december   December
deel (delen), het   part
deelwoord(en), het   participle
deken(s), de   blanket
Den Haag   The Hague
denken irr var   to think; d. om   to
   remember, be mindful of
dergelijk   such
dertien   thirteen
dertig   thirty
desalniettemin   nevertheless
deserteren   to desert
detective(s), de   detective, murder
   mystery
deur(en), de   door
deze   this, these
dicht   closed
dichtdoen (sep) irr   to close, lock
die   that
dienen te   ought to
diep   deep(ly)
diepvries (-), de   deep freeze
dier(en), het   animal
dierentuin(en), de   zoo
diesel(s), de   diesel
dijk(en), de   dike
dik   fat, thick
ding(en), het   thing
dinsdag(en), de   Tuesday
diploma('s), het   diploma
diploma-uitreiking(en), de   graduation
   ceremony
directeur (-en/-s), de   director, manager
dit   this
docent(en), de   instructor, teacher
docente (docenten/docents), de
   instructor (f)
dochter(s), de   daughter
documentaire(s), de   documentary
doen irr   to do
dokter(s), de   doctor
donderdag(en), de   Thursday

donker dark

dood dead

doodmoe dead tired

doof deaf

door through, by

doorbrengen (sep) irr var to spend (time)

doorgeven (sep) 5a to pass (on)

doorlopen (sep) 7a to walk on

doorlopen 7a to go through

doorschilderen (sep) to continue painting

doorzoeken (sep) irr var to continue searching

doorzoeken irr var to examine

dopen to baptize, christen

dorp(en), het village

dorst thirst; d. hebben to be thirsty

dragen 6 to carry, wear

drie three

drinken 3a to drink

drogen to dry

droog dry

droogjes drily

drop (-), de liquorice

druif (druiven), de grape

druk busy

druppel(s), de drop

dubbeltje(s), het 10-cent coin

duidelijk clear

duim(en), de thumb

duin(en), het dune

duizend thousand

dutje(s), het nap

duur expensive

dvd-speler(s), de DVD player

E

echt genuine, real(ly)

echter however

een a(n), one

eend(en), de duck

eens one time

eens (particle) sometime

eens: het e. zijn met to agree with

eenvoud (-), de simplicity

eenvoudig simple (-ly)

eenzaam lonely

eenzaamheid (-), de loneliness

eerder previously

eerst first; voor het e. for the first time

eeuw(en), de century

ei (eieren), het egg

eigen own

eigenlijk actually

eikel(s), de acorn

eindelijk finally

eindje(s), het small distance, short length

elektrisch electric

elf (elven), de eleven

elf(en), de elf

elftal(len), het aggregate of eleven, (colloq.) football team

elk each

emigreren to emigrate

eng creepy

Engeland England

engerd(s), de creep

enkele some

enorm enormously

envelop(pen), de envelope

er there

erg very

ergens somewhere

erkennen to admit

ervaren 6 to experience

ervaring experience

erwt(je) (erwten/erwtjes), de/het pea

erwtensoep (-), de pea soup

eten (-), het food

eten 5a to eat

euro('s), de euro

even just (particle)

eventjes for a moment

evenwel however

examen(s), het examination

F

fantastisch fantastic

februari February

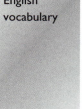

feest(en), het   party
feestje(s), het   party
feit(en), het   fact
feliciteren   to congratulate
fiets(en), de   bicycle
fietsen   to cycle
fietser(s), de   cyclist
fietsslot(en), het   bicycle lock
fijn   fine
fijntjes   slyly
film(s), de   movie
filmvoorstelling(en), de   movie showing
firma('s), de   firm
fles(sen), de   bottle
fluiten 2b   to whistle, sing (birds)
fooi(en), de   tip
formulier(en), het   form
foto('s), de   photograph
fotograaf (fotografen), de   photographer
fototoestel(len), het   camera
fout(en), de   mistake
Frankrijk   France
friet(en), de   French fries
frietkraam(-kramen), het   French fries stand
fruit (-), het   fruit
functionneren   to function

G

gaan   misc   to go
gang(en), de   hallway; pace, gait
gans (ganzen), de   goose
garage(s), de   garage
gas(sen), het   gas, natural gas (gasoline is benzine)
gast(en), de   guest
gat(en), het   hole
gebeuren   to happen
geboren   born
gebouw(en), het   building
gebrek aan   lack of
gebruik(en), het   use
gebruiken   to use, take
gebruiksaanwijzing(en), de   directions for use

gedachte   thought; van g. wisselen   to exchange thoughts
gedachte(n/s), de   thought
geel   yellow
geen   no
gefeliciteerd   congratulations
gehandicapt(en), de   handicapped
geheim(en), het   secret
gek   crazy; g. op   crazy about
geld(en), het   money
geleden   ago
gelegenheid(-heden), de   opportunity
gelijk   right; g. hebben (aan)   to be right (about)
geloven   to believe; g. aan/in   to believe in
geluk   happiness, fortune
gelukkig   happy, lucky
gelukwensen   to congratulate
gemakkelijk   easy
gemeneer   continually calling "Mr."
generatie(s), de   generation
genezen 5a   to cure
genieten 2a   van to enjoy
genoeg   enough
Gent   G(h)ent
gerecht(en), het   dish
gerookt   smoked
geruit   checkered, tartan
gerust   confidently
geschenk   present
geschiedenis(sen), de   history
geschikt   suitable
geschreeuw (-), het   continual hollering
geschrijf (-) het   continual scribbling
gesprek(ken), het   conversation
geven 5a   to give
gevestigd   settled
gevoel (-), het   feeling
gewicht(en), het   weight
gewoon   simply
gezeur (-), het   whining
gezicht(en), het   face
gezin(nen), het   family
gisteren   yesterday
gitaar (gitaren), de   guitar

glanzen to shine

glas (glazen), het glass

godsdienst (-), de religion

godsd<u>ie</u>nstig religious

goedk<u>oo</u>p cheap

goud, het gold

gouden golden

graag gladly

gracht(en), de canal (in town)

gram(men), het gram

gras(sen), het grass

gratis free

griep, de flu

groeien to grow

groen green

groente (-n/s), de vegetables

groenteboer(en), de vegetable merchant

grond(en), de floor, ground

groot big, large

grootbrengen (sep) **irr var** to raise (children)

grootouder(s), de grandparent

gsm'etje(s), het (pronounced **gee-es-<u>e</u>mmetje**) cell phone

H

haai(en), de shark

haar her

halen to fetch, get

half half; **h. zes** 5.30

ham(men), de ham

handelaar (handelaren), de dealer

handelen to deal

handtas(sen), de purse

hangen misc to hang

hapje(s), het bite

hard hard, loud, fast

hardlopen (sep) **7a** to run

haring(en), de herring

hartig salty; **iets hartigs/een hartig hapje** a tasty snack

hebben irr var to have; **h. en houden** all one's possessions; **het h. over** to talk about

heel very

heerlijk wonderful

heilig holy, firmly

heks(en), de witch

held(en), de hero

held<u>in</u>(nen), de heroine

helem<u>aa</u>l completely; **h. niet** not at all

helft(en), de half

helpen 7b to help

hemd(en), het (under)shirt

hen them

herbouwen to rebuild

Herengracht (one of the three concentric canals in Amsterdam)

herenhuis (-huizen), het patrician house, mansion

herhalen to repeat

herinneren to remind; **zich h.** to remember; **h. aan** to remind of

herkenning(en), de recognition

herlezen 5a to reread

herrijzen 1 to rise again

het it, the

heten irr var to be named

heterd<u>aa</u>d, op red handed

hier here

hij he

hist<u>o</u>ricus (hist<u>o</u>rici), de historian

hit (s), de hit

hitte (-), de heat

hobby('s), de hobby

hoe how

hoek(en), de corner

hoekje(s), het corner

hoev<u>ee</u>l how much

hoev<u>ee</u>lste what day

hoew<u>e</u>l although

hok(ken), het doghouse

Hollands Dutch

hond(en), de dog

honderd hundred

honger (-), de hunger; **h. hebben** to be hungry

hoofd(en), het head

hoofdstuk(ken), het chapter

hoofdz<u>a</u>kelijk primarily

hoog high

hoop (-), **de** hope

hoor (interjection)

hopen to hope

horen to hear

horl<u>o</u>ge (de) watch

hospita('s), de landlady

hot<u>e</u>l(s), het hotel

houden 7a van to love, like; to keep

hout, het wood

houten wooden

huilen to cry

huis (huizen), het house; **naar h.**
(towards) home

huisdier(en), het domestic animal

huiswerk (-), **het** homework

hun (pron.) them; (poss.) their

huren to rent

huurder(s), de renter, tenant

I

ieder every

ieder<u>ee</u>n everyone

iemand someone

iets anders something else

ijsbeer (-beren), de polar bear

ijsje(s), het (serving of) icecream

ijzer iron

ik I

in in

inbreker(s), de burglar

indruk(ken), de impression

inhoud(en), de contents

inkoop (inkopen), de (usually pl.)
purchases

innemen (sep) **4** to take (medicine)

inschenken (sep) to pour out, serve

instappen (sep) to get in (vehicle)

interess<u>a</u>nt interesting

interess<u>e</u>ren to interest; **zich i. voor**
to be interested in

internetten to use the Internet

invullen (sep) to fill in

Italië Italy

J

ja yes

jaar (jaren), het year; **de jaren zeventig**
the seventies

jammer too bad

janu<u>a</u>ri January

jarig: j. zijn to have a birthday

jas(sen), de coat, jacket

jenever gin

jij you

jong young

jongen(s), de boy

jouw our

juli July

jullie you (pl)

juni June

justitie (-), **de** justice

K

kaartje(s), het ticket

kaas (kazen), de cheese

kaasboer(en), de cheese merchant

kabinet(ten), het cabinet

kalm calm

kalmpjes calmly

kam(men), de comb

kamer(s), de room, living room

kan(nen), de pitcher

kanarie(s), de canary

kant<u>oo</u>r (kantoren), het office

kap<u>o</u>t broken

kart<u>o</u>n cardboard

kat(ten), de cat; **katje** kitten

kat<u>e</u>rn(en), de/het section (of newspaper)

kat<u>oe</u>nen made of cotton

keer (keren), de time

kelner(s), de waiter

kelner<u>i</u>n(nen), de waitress

kennen to be familiar with

kerk(en), de church

kermis(sen), de fair

Kerst (= Kerstmis) Christmas

Kerstmis Christmas

keuken(s), de   kitchen

kiezen 2a   to choose, elect

kijken 1   to look; k. naar   to look at

kilo('s), de/het (kilogram) kilogram

kilometer(s), de   kilometer

kind(eren), het   child

kip(pen), de   chicken

kist(en), de   chest

klaar   ready

klant(en), de   customer, client

klas(sen), de   class

klein   small

kleinkind(eren), het   grandchild

kleren (pl)   clothing

kletsen   to chat

klok(ken), de   clock

kloppen   to knock

knap   smart, handsome

knippen   to cut (with scissors)

koe(ien), de   cow

koelkast(en), de   refrigerator

koffer(s), de   suitcase

koffie (-), de   coffee

kok(ken), de   cook

koken   to cook

komen 4   to come

komisch   comical

komma('s), de   comma, [used as] decimal point

koning(en), de   king

koningin(nen), de   queen

Koninginnedag(en), de   Queen's birthday (31 April)

koop (kopen), de   sale; te k.   for sale

kop(pen), de   (large) cup, (colloq.) head

kopen irr var   to buy

kopje(s), het   cup

koud   cold; het k. hebben   to be cold

kous(en), de   stocking

kraan (kranen), de   tap

krant(en), de   newspaper

krijgen 1   to get

kritiek(en), de   criticism

Kröller-Müller Museum   art museum in the Netherlands

kruiden   to season

kruidenier(s), de   grocer

kruien   to wheel

kruimel(s), de   crumb

kruipen 2b   to crawl

kruiswoordraadsel(s), het   crossword puzzle

kunnen irr var   to be able

kust(en), de   coast

kwaad   evil, angry; k. op   mad at

kwaadheid (-), de   evil

kwalijk   bad; iemand iets k. nemen   to hold something against someone

kwart(en), het   quarter

kwijt zijn   to have lost, be rid of

L

laan (lanen), de   avenue

laat late; hoe l: what time

laatst   recently

lachen irr var   to laugh; l. om   to laugh at

laden irr var   to load

land(en), het   country

lang   long

Lange Voorhout   street in The Hague

langs   along

langskomen (sep) 4   to come by

langzaam   slow

last(en), de hebben v.   to be bothered by

lastig   troublesome; l. vallen   to bother

laten 7a   to let, have; to not do; l. zien   to show; l. vallen   to drop

lawaai (-), het   noise

leeuw(en), de   lion

leggen   to lay

lek   leaking; (tire) flat

lekker   tasty, pleasant; nicely; glad of it; zich l. voelen   to feel good

lengte(n/s), de   length

lente(s), de   spring

lepel(s), de   spoon

leraar (leraren/leraars), de   teacher

leren   to learn, teach

leren   made of leather

les(sen), de lesson

leuk pleasant, nice

leven to live

leven(s), het life

lezen 5a to read

lezer('s), de reader

lezing(en), de lecture; reading

lichaam (lichamen), het body

lichamelijk bodily

licht(en), het light

lid (leden), het member

lied(eren), het song

lief dear, nice, kind

liefde(s), de love

liefst (see graag)

liever, liefst rather (see graag)

liggen 5b to lie, be

lijken 1 to seem, appear; l. op to look
 like; l. op to look like

lijn(en), de (clothes)line

lijst(en), de list

linker- left

linksaf to the left

liter(s), de liter

logeren to stay as guest

logies lodging

lood lead; l. om oud ijzer six of one
 half a dozen of the other

lopen 7a to walk, run; l. te to be;
 l. op to run on (fuel)

los loose

lucht(en), de air, sky

luchthaven(s), de airport

luid loud

luisteren: l. naar to listen to

lunchen to have lunch ("ch" here = sj)

M

maaien to mow

maaltijd(en), de meal

maan (manen), de moon

maand(en), de month

maandag(en), de Monday

maar but, just

maart (-), de March

machine(s), de machine

mager lean

magertjes scantily

maken to make, do

mama('s), de mom

man(nen), de man, husband

mantel(s), de overcoat

margarine, de margarine

markt(en), de market

marktplein(en), het market square

marmer marble

mayonaise, de mayonnaise

medicijn(en), de/het medicine

medisch medical

meditatief meditative

mee (see met)

meegaan (sep) misc to go along

meer more (see veel)

meest (see veel)

meeste(n) most

meevallen (sep) 7a to be better than
 expected

mei, de May

meisje(s), het girl

melk (-), de milk

men one

meneer (meneren), de sir, man

mens, de person; mensen people

menu('s), het menu

merken to notice

mes(sen), het knife

met with; m. z'n vieren four
 of us/you/them; m. z'n allen
 all of us/them

meten 5a to measure

meter(s), de meter

microfoon(s), de microphone

middag(en), de noon, afternoon; tussen
 de m. between noon and 1.00

midden in in the heart of

middernacht(en), de midnight

mij me

mijn my

miljard(en), het billion

miljoen(en), het   million

minder   less (see weinig)

minister(s), de   (cabinet) minister

minister-president (ministers-presidenten), de   prime minister

minst   (see weinig)

minuut (minuten), de   minute

missen   to miss

mist(en), de   fog, mist

mobieltje(s), het   cell phone

modern   modern

moedeloos   discouraged

moedeloosheid (-), de   lack of courage

moeder(s), de   mother

moeilijk   difficult

moeilijkheid (-heden), de   difficulty

moeite(n), de   trouble

moeten irr var   to have to

mogelijk   possible

mogelijkheid (-heden), de   possibility

mogen irr var   to be allowed to

moment(en), het   moment

momenteel   momentary (-ily)

mond houden 7a   to keep quiet

mond(en), de   mouth

monteur(s), de   installer, repairman

mooi   beautiful, nice

mop(pen), de   joke

morgen   tomorrow

morgenavond   tomorrow evening

morgenochtend   tomorrow morning

mormel(s), het   monster

mos(sen), het   moss

moskee (ën), de   mosque

motor (motoren/motors), de   motor(cycle)

mouw(en), de   sleeve

museum (musea/museums), het   museum

musicus (musici), de   musician

muziek (-), de   music

N

na   after

naaien   to sew

naam (namen), de   name

naar   to, toward

naast   next to

nacht(en), de   night

nadat   after

nadenken (sep) irr var   to think

nader   closer

nagerecht(en), het   dessert

najaar (-jaren), het   autumn

nakijken (sep) 1   to look over

naslagwerk(en), het   reference work

natuur, nature

natuurijs (-), het   natural ice

natuurlijk   naturally

Nederland   the Netherlands

Nederlander(s), de   Dutchman

Nederlands (-), het   Dutch

neefje(s), het   cousin; nephew

neerleggen (sep) to put down

negatief   negative

negen   nine

negentien   nineteen

negentig   ninety

nemen 4   to take

nergens   nowhere

net (adj.)   tidy, (adv.) just

netjes   tidy, tidily

neus (neuzen), de   nose

nicht(en), de   niece

niemand   no one

niet   not

niettemin   nevertheless

nieuw   new

nieuwsgierig   curious; n. naar   curious about

nodig   necessary; n. hebben   to need

noemen   to name, call

nog   still; n. nooit   never yet; moet n., hasn't yet; n. even   just

noodzakelijk   necessary

nooit   never

november (-), de   November

NRC   *NRC Handelsblad*, daily newspaper

nu (conj.)   now that

nu (adv.)   now

nul   zero; **n. komma n.**   nothing at all
nummer(s), het   number

O

o   oh
ochtend(en), de   morning
oefening(en), de   exercise
of   or; **een stuk of vijf**   about five
of   whether
ofschoon   although
ogenblik(ken), het   moment
ogenblikkelijk   momentary
oktober (-), de   October
om   around
om   around, w/inf; **o. at** (clock time);
   o. de   each (unit of time)
oma('s), de   grandma
omafiets(en), de   granny bicycle
omdat   because
omkleden (sep) to change clothes
omkleden   to surround with, substantiate
omrijden (sep) **1**   to detour
omstandigheid (-heden), de   circumstance
omstreeks   about
ondanks   in spite of
onder   under, between, among
ondergaan (sep) **misc**   to set (sun)
ondergaan misc   to undergo
ondernemen 4   to undertake
onderonsje(s), het   tête-à-tête
ondertussen   meanwhile
onderwijs (-), het   education
onderwijzen 1   to teach
**onderwijzer(es) (onderwijzers/
   onderwijzeressen), de**   teacher m/f
   (elementary school)
ongeluk(ken), het   accident
ongelukkig   unhappy
ongeveer   about
onophoudelijk   unceasing
ons   Dutch "ounce"
ons   us
ons/onze   our
ontdekken   to discover
ontdekking(en), de   discovery

onthouden 7a   to remember, keep in
   mind
ontmoeten   to meet
onvermijdelijk   inevitable
onweer (onweren), het   rainstorm
onweersbui(en), de   thunder shower
onze   our
oog (ogen), het   eye; **uit het o. verliezen**
   to lose track of
oom(s), de   uncle
oor (oren), de   ear
oorlog(en), de   war
oosten (-) het   east
Oostende   Ostend (town in Belgium)
Oostenrijk   Austria
op   on, at
opa('s), de   grandpa
opbellen (sep) to phone, call up
opbrengen (sep) **irr var**   to bring, fetch
opdat   so that
opdienen (sep) to serve up
opdrinken (sep) **3a**   to drink up
open   open
openbaar   public
opera('s), de   opera
opereren   to operate
opeten (sep) **5a**   to eat up
ophalen (sep) to pick up
ophouden (sep) **7a**   to stop
opletten (sep) to watch out
oplopen (sep) **7a**   to add
oplossen (sep) to solve, dissolve
opruimen (sep) to clean up
opruiming(en), de   clearance
opschrijven (sep) **1**   to write
opstaan (sep) **irr**   to get up
opstarten (sep)   to start up
opvallen (sep) **7a**   to be noticeable
opvouwen (sep)   to fold up
oranje   orange (color)
orde (-), de   order; **in o. maken**   to fix
organisatie(s), de   organization
organiseren   to organize
orkaan (orkanen), de   hurricane
orkest(en), het   orchestra

oud   old

ouder(s), de   parent(s)

over   over, after (clock); het hebben o.
   to talk about; o. iets heen zijn   be over
   something

overal   everywhere

overdag   during the day

overdekken   to cover

overdrijven (sep) 1   to drift over

overdrijven 1   to exaggerate

overeenkomst   agreement

overeenkomstig   in agreement

overhemd(en), het   shirt

overkomen (sep) 4   to come over

overkomen 4   to happen to

overledene(n), de   deceased

overmaken (sep)   to transfer

overmorgen   day after tomorrow

overschatten   to overestimate

overstappen (sep)   to transfer

overstromen (sep)   to overflow

overstromen   to flood

P

paal (palen), de   post

paard(en), het   horse

paaseitje(s), het   Easter egg

paddestoel(en), de   mushroom, toadstool

pakken   grab

pan(nen), de   pan

pannenkoek(en), de   pancake

papier (-), het   paper

paprika('s), de   pepper

paraplu('s), de   umbrella

Parijs   Paris

park(en), het   park

parkeerplaats(en), de   parking place

parkeren   to park

part: voor mijn p.   as far as I'm
   concerned

pas   not until

Pasen   Easter

patiënt(en), de   patient

peer (peren), de   pear

pen(nen), de   pen

permanent   permanent

persoon (personen), de   person

perzikentaart(en), de   peach cake

pikzwart   jet black

pil(len), de   pill

plaats(en), de   place

plaatsvinden (sep) 3a   to take place

plak(je) (plakken/plakjes) de/het   slice

plan(nen), het   plan; van p. zijn   to have
   the intention

plank, de   shelf

plastic   plastic (pronounced *plestik*)

platina   platinum

plein(en), het   square

plukken   to pluck

poes (poezen), de   cat

poetsen   to polish, brush (teeth)

poffertjes, de   "poffertjes" (small fried
   pastries)

polder(s), de   mechanically drained land

politicus (politici), de   politician

politie (-), de   police

politieagent(en), de   policeman

pond(en), het   Dutch "pound"

poort(en), de   gate

portemonnee(s), de   wallet, change purse

posten   to mail, post

poster(s), de   poster

postkantoor (-kantoren), het   post office

postzegel(s), de   postage stamp

pot(ten), de   pot

prachtig   splendid

praktisch   practical

praten   to talk

presentatie(s), de   presentation

president(en), de   president

prestatie(s), de   performance

prijs (prijzen), de   price

printer(s), de   printer

proberen   to try

probleem (problemen), het   problem

professor (professors/professoren), de
   professor

programma('s), het   program

pruim(en), de   plum

pullover(s), de   sweater
punt(en), het   point
puntzak(ken), de   paper cone

R

r**aa**dplegen   to consult
raam (ramen), het   window
raden irr var naar   to guess
radio('s), de   radio
ramp(en), de   disaster
rauw   raw
rec**e**pt(en), het   recipe
rechter-   right hand
redden   to save
reden   reason
regel(s), de   rule
r**e**gelen   to arrange
r**e**genen   to rain
reg**e**ren   to govern, rule
regering(en), de   government,
  administration
reis (reizen), de   trip
reizen   to travel
reiziger(s), de   traveler
rekening(en), de   bill
reparatie(s), de   repair
repar**e**ren   to repair
restaur**a**nt(s), het   restaurant
rijden 1   to ride, drive
rijexamen(s), het   driver's test
Rijksmus**e**um   Rijksmuseum
rijtjeshuis (-huizen), het   row house
ring(en), de   ring
roddelen   to gossip
roken   to smoke
rom**a**n(s), de   novel
rond (conj.)   around; rond**o**m   around
rond (adj.)   round
rondje(s), het   circuit
rondrijden (sep) 1   to ride around
room (-), de   cream
rot   rotten
rups(en), de   caterpillar
rustig   quiet(ly)

S

saai   dull
samen   together
samenleven (sep)   to live together
sappig   juicy
schaats(en), de   skate
schaatsen   to skate
scheermes(sen), het   razor
scheermesje(s), het   razor blade
scheiden irr var   to separate, divorce
schenken 3b   pour, present
scheppen 7b   to create
scheren   misc: zich s.   to shave; zich
  laten s.   to get a shave
schijnen 1   to appear
schilderen   to paint
schilder**e**s(sen), de   woman painter
schilderij(en), het   painting
schilderkunst (-), de   (art of) painting
schip (schepen), het   ship
schoen(en), de   shoe
school (scholen), de   school
schoon   clean (poetic/regional/older
  meaning: beautiful)
schoonheid (-heden), de   beauty
schoonmaakster(s), de   cleaning lady
schoonmaken (sep)   to clean
schoot (schoten), de   lap
schreeuwen   to scream, holler
schrijfster(s), de   woman writer
schrijven 1   to write
schrijver(s), de   writer
schrikken 3a   to be startled
schudden   to shake
schuur (schuren), de   barn, shed
scriptie(s), de   (school) essay
secretar**e**sse(s), de   secretary
september (-), de   September
s**i**naasappel(en/s), de   orange (fruit)
sinds   since; s. kort   a short time ago
S**i**nterklaas (Sinterklazen), de   St
  Nicholas (5 December); met S.   on 5
  December
situatie(s), de   situation
sjaal(s), de   shawl

skivacantie(s), de   ski vacation

sla (-), de   lettuce

slaan irreg   to hit, beat

slaap   sleep; s. hebben   to be sleepy;
in s. vallen   to fall asleep

slaapzak(ken), de   sleeping bag

slagen   to succeed; s. voor   to pass
(exam)

slap   weak

slapjes   weakly

slecht   bad

sleutel(s), de   key

slot (en), het   lock, castle, conclusion;
op s. doen   to lock

smaken   to taste

sneeuw (-), de   snow

snel   fast, quick(ly)

snijden 1   to cut

soep (-), de   soup

sok(ken), de   sock

soldaat (soldaten), de   soldier

solliciteren   to apply for a job

soms   by any chance

soort   kind

speelgoed (-), het   playthings

speeltje(s), het   toy

spek (-), het   bacon

spelen   to play

spijt hebben van   to be sorry about,
regret

spoor (sporen), het   track

sportkatern(en), het/de   sports section

spreken 4   to speak, speak with

staan irr   to stand

stad (steden), de   city

stadhuis (-huizen), het   city hall

stappen   to step

station(s), het   station

steen (stenen), de   stone

steken 4   to stick, prick

stelen 4   to steal

stellen   to place; een vraag s.   to ask a
question

ster(ren), de   star

stereotype(n/s; pronounced -tiep), het
stereotype

sterven 7b   to die

stier   steer

stijl(en), de   style

stil   quiet, still

stoel(en), de   chair

stof(fen), de   material

stoffen   made of cloth

stofzuigen 2b   to vacuum

stoplicht(en), het   traffic light

stoppen   to stop

storen   to disturb

stout   naughty

straat (straten), de   street

straatbeeld(en), het   street scene

straffen   to punish

straks   right away, soon

strand(en), het   beach

streek (streken), de   area, region

student(en), de   student

studente(n/s), de   student (f)

studentenflat(s), de   student apartment

studeren   to study, be a student

stuk(ken), het   piece; een s. of vijf
about five; s. voor s.   one by one

stukje(s), het   little piece

sufferd(s), de   somebody silly

suiker(s), de   sugar

Surinamer(s), de   Surinamese

T

taai   tough

taal (talen), de   language

taalgebruik(en), het   language usage

tachtig   eighty

tafel(s), de   table

tafellaken(s), het   tablecloth

tand(en), de   tooth

tandarts(en), de   dentist

tante(s), de   aunt

taart(en), de   pie, cake

tas(sen), de   purse, bag

taxi('s), de   taxi

te   to

te   to, too

tegen   against, towards (clock time)

tegenkomen (sep) 4   to meet, run into

tegen**o**ver   opposite

tegenvallen (sep) **7a**   to be worse than expected

tegenw**oo**rdig   at present

tekenen   to sign, draw

tekst (de)   text

telefon**e**ren   to phone

telef**oo**n(s), de   telephone

telefoonnummer(s), het   phone number

teleurstellen (sep)   to disappoint

telev**i**sie('s), de   television

televisieprogramma('s), het   television program

temperat**uu**r (temperaturen), de   temperature

terr**a**s(sen), het   terrace, sidewalk cafe

ter**u**g   back; **t. hebben van**   have change for

teruggeven (sep) **5a**   to give back

terugkomen (sep) **4**   to come back

terwijl   while

test   test

thee (-), de   tea

theedoek(en), de   dishcloth

thuis   at home; **thuisteam**   home team

thuisblijven (sep) **1**   to stay at home

thuiskomen (sep) **4**   to come home

tien   ten

tijd(en), de   time; **een t.**   a while

toch (affirmative particle)

toekennen (sep)   to award

toen (adv.)   then

toen (conj.)   when

toetje(s), het   dessert

toeval(len), het   accident, chance

toev**a**llig   accidentally, by chance

tom**aa**t (tomaten), de   tomato

tong(en), de   tongue

tot   until, up to

totdat   until

tram (trammen/trams), de   streetcar

trein(en), de   train

trek hebben in   to feel like (consuming)

treuren   to mourn

treurig   sad

triest   sad

trouwen   to marry

trouwerij(en), de   wedding

trui(en), de   sweater

tuin(en), de   garden, yard

tulp, de   tulip

tussen   between

tv('s), de (televisie)   television

twaalf   twelve

twee   two

Tweede Kamer   Second Chamber (lower house of parliament)

twijfel(s), de   doubt

twijfel**a**chtig   doubtful

twijfelen aan   to doubt

twintig   twenty

typemachine(s), de   typewriter

U

u   you

uit   out of

uitbreiden (sep) to extend

uitdr**u**kkelijk   express(ly)

uitdrukken (sep) to express

uitdrukking(en), de   expression

uit**ei**ndelijk   finally

uiterlijk   exterior

uitgaan (sep) **misc**   to go out

uitgeven (sep) **5a**   to publish

uitkijken (sep) **1**   to watch out; **u. naar** to look forward to

uitleggen (sep) to explain

uitlezen (sep) **5a**   to read to the end

uitmaken (sep)   to matter

uitnodigen (sep)   to invite

uitreiking(en), de   presentation

uitverkocht   sold out

uitzicht(en), het   view, prospect

universit**ei**t(en), de   university

uur (uren), het   hour

uw   your

V

vaak   often

vader(s), de   father

vak**a**ntie(s), **de** vacation; **met v.** on vacation

vallen 7a to fall, to be

van from

van**a**vond this evening

vand**aa**g today

vanm**i**ddag this afternoon

vann**a**cht tonight

van**o**chtend this morning

varen 6 to sail, travel by water

vast certainly, probably; **v. wel** surely

veel much

veertien fourteen; **v. dagen** two weeks

veertig forty

ver far

verbazen (z) to be surprised

verbieden 2a to forbid

verblijf (verblijven), **het** residence

verboden prohibited

verbouwing(en), **de** construction

verder further

verdienen to earn

verdrag(en), **het** treaty

verdrietig sorrowful

Verenigde Staten, de United States

vergadering(en), **de** meeting

vergeten 5a to forget

vergissen (**zich**) to make a mistake, be wrong

verhaal (verhalen), **het** story

verheugen (**zich**) to be glad; **zich v. op** to look forward to

verhouding(en), **de** proportion, relationship

verhuizen to move (household)

verjaardag(en), **de** birthday

verklaren to explain

verkopen irr var to sell

verkouden with a cold

verlegen shy

verliefd in love; **v. op,** in love with

verliezen 2a to lose

verloofde(s), **de** fiancé(e)

vermoeien to tire

vermoorden to murder

veroorloven to permit

vers (verzen), **het** verse

vers fresh

verschil(len), **het** difference

verslag(en), **het** report

verstaan irr to understand

verte(s), **de** distance

vertellen tell

vertraging(en), **de** delay

vertrekken 3b to depart

vertrouwen to trust

verven to color, dye, paint

vervoer (-), **het** transportation

verwachten to expect

verwarmen to warm

verwarming(en), **de** heating

verzinnen 3a to invent

verzoek(en), **het** request

verzoeken irr var to request

vestigen to establish

vier four

vieren to celebrate

vijand(en), **de** enemy

vijf five

vijftien fifteen

vijftig fifty

vijver pond

vinden 3a to find, to think, have as opinion

vis(sen), **de** fish

vlees (-), **het** meat

vliegen 2a to fly

vliegtuig(en), **het** aeroplane

voelen to feel

voet(en), **de** foot

voetbal soccer

voetbalelftal(len), **het** soccer team

voetballen to play soccer

vogel(s), **de** bird

volgend next

volgens according to; **v. mij** in my opinion

volk(en/eren), **het** people

voltooid complete

volwassen adult

voor for

vóór   in front of, before; **v. drie jaar**
   three years ago
vooral   especially
voorbeeld(en), het   example
voordat   before
voorjaar (-jaren), het   spring
voorkomen (sep) **4**   to occur
voorkomen 4   to prevent
voorlezen (sep) **5a**   to read aloud
voorloper(s), de   forerunner
voorlopig   temporary (-ily)
voorrang   right of way, precedence
voorschrijven (sep) **1**   to prescribe
voorstellen (sep) to introduce
voorstelling(en), de   performance
voortduren (sep) to last
voortdurend   continual
voortgezet   continued
voorzien van   to provide with
vorig   previous
vraag (vragen), de   question; **een v.
   stellen**   to ask a question
vragen   to ask; **v. om**   to ask about, ask
   for
vragenuurtje(s), het   news conference
vreedzaam   peacefully
vreselijk   terrible (-ly)
vriend(en), de   friend
vriendin, de   woman friend
vriendelijk   friendly, kindly
vriendin(nen), de   friend (f)
vriendschap(pen), de   friendship
vrij veel   quite a lot
vrijdag(en), de   Friday
vroeg   early; **vroeger**   previously
vrouw (en), de   woman, wife

W

waar   true
waar   where
waarde(n/s), de   value
waarheid (-heden), de   truth
waarom   why
waarschijnlijk   probably
waarschuwen   to warn, remind

wachten   to wait; **w. op**   to wait for
wakker   awake; **w. worden**   to wake up
wandelen   to walk, hike
wanneer   when
warm   warm; **het w. hebben**   to be
   warm
warm eten   to have a hot meal
was(sen), de   wash
wassen irr var   to wash
wat   what, something
water(en/s), het   water
waterrijk   watery
wedstrijd(en), de   competition
week (weken), de   week
weekend(en/s), het   weekend
weer (-), het   weather
weer   again
weg   away
weg(en), de   road; **de w. wijzen**   to show
   the way
weggaan (sep) **misc**   to go away
wegrijden (sep) **1**   to drive away
weinig   little
wekelijks   weekly
wel   (affirmative particle); well
wel eens   ever
welk   which
welletjes   more than enough
welnee   certainly not
wensen   to wish
wereld(en), de   world
werf (werven), de   shipyard
werk(e)loosheid (-), de   unemployment
werk(en), het   work
werken   to work
werkloos   unemployed
werkwoord(en), het   verb
werkzoekend   looking for employment
weten irr   to know; **laten w.**   to inform
wetenschap(pen), de   science
wetenschappelijk   scientific
wie   who; **van w.**   whose
wij   we
wijn(en), de   wine
wild   wild

willen irr var 7   to want
winden 3a   to wind
winkel(s), de   shop, store
winkelcentrum (-centra), het   shopping
  centre
winkelen   to shop
winnen 3a   to win
winter(s), de   winter
winterkoninkje(s), het   wren
wiskunde (-), de   math
wisselen   to exchange
wisselvallig   changeable
wit   white
woensdag(en), de   Wednesday
wol (-), de   wool
wolf (wolven), de   wolf
wolk(en), de   cloud
wollen   made of wool
wonde(n), de   wound
wonen   to live, reside
woonkamer(s), de   living room
woonwagen(s), de   house trailer
woord(en), het   word
woordenboek(en), het   dictionary
worden   misc   to become
worst(en), de   sausage

Z

zaak (zaken), de   affair, business
zacht   soft
zachtjes   in a low voice
zak(ken), de   bag, pocket, sack
zalm(en), de   salmon
zand (-), het   sand
zaterdag(en), de   Saturday
zee(ën), de   sea
zeggen   to say z. tegen   to say to
zeker   certain(ly)
zelden   seldom
zenden 3b   to send
zenuw(en), de   nerve
zenuwachtig   nervous
zes   six
zestien   sixteen

zestig   sixty
zetten   to set
zeuren   to whine
zeven   seven
zeventien   seventeen
zeventig   seventy
zich   oneself
zicht   sight
ziek   sick
ziekenhuis (-huizen), het   hospital
zien irr   to see; eruit z.   to look (like)
zij   she, they
zijn   his
zijn irr var   to be
zilver, het   silver
zilveren   made of silver
zin   sense; z. hebben   (in) to feel like,
  be hungry for
zin(nen), de   sentence
zingen 3a   to sing
zitten 5b   to sit, to be
zo   so, as, right away
zodat   so that
zodra   as soon as
zoek: z. zijn   to be missing
zoeken irr var   to look for; z. naar
  to look for
zoen(en), de   kiss
zoet   sweet, easy
zoetjes   gradually
zoetjesaan   gradually
zogenaamd   so-called
zoiets   something like that
zolang   as long as
zomer(s), de   summer
zomertijd (-), de   daylight saving
  time
zon, de   sun
zondag(en), de   Sunday
zonder   without
zonnetje (-), het   sunshine
zoon (zonen), de   son
zorg(en), de   care
zorgen   to take care
zout   salt
zuinig   thrifty

zuinigjes frugally, hesitantly
zullen irr var (future auxiliary)
zus(sen), de sister
zusje(s), het (younger) sister
zuur sour
zwaar heavy

zwak weak
zwakjes weakly
zwemmen 3b to swim
zwemster(s), de woman swimmer
zweren misc to swear
zwijgen 1 to be silent

Index

Index

The New Routledge Dutch Dictionary

Dutch–English/English–Dutch

N. Osselton
and
R. Hempelman

This comprehensive and contemporary two-way dictionary is ideal for Dutch language learners and users at all levels. Key features of the dictionary include:

- Over 25,000 Dutch entries
- The use of colloquial and idiomatic language
- Useful contextual information within glosses
- Phonetic transcription for all Dutch headwords, aiding pronunciation
- Gender marked for all Dutch nouns
- Appendix of Dutch irregular verbs

978–0–415–30040–7 (hbk)
978–0–415–30041–4 (pbk)

Available at all good bookshops
For ordering and further information please visit:
www.routledge.com

Colloquial Dutch 2
The Next Step in Language Learning
Bruce Donaldson and Gerda Bodegom

Colloquial Dutch 2 is designed to help those involved in self-study; structured to give you the opportunity to listen to and read lots of modern, everyday Dutch, it has also been developed to work systematically on reinforcing and extending your grasp of Dutch grammar and vocabulary.

Key features of *Colloquial Dutch 2* include:

- Revision material to help consolidate and build up your basics
- A wide range of contemporary authentic documents
- Lists of idioms and proverbs, as well as cultural information in each unit
- Lots of spoken and written exercises for practice and consolidation
- Introduction to more advanced grammar structures, a Grammar reference and detailed answer keys
- Supplementary exercises and Dutch language web-links at http://www.routledge.com/languages/dutch/

Audio material is available on two 60-minute CDs to accompany *Colloquial Dutch 2*. Recorded by native speakers, this material includes scripted dialogues and texts as well as interactive exercises, and will help you perfect your pronunciation and listening skills.

978–0–415–31077–2 (pbk)
978–0–415–31075–8 (cds)
978–0–415–31076–5 (pack)

Available at all good bookshops
For ordering and further information please visit:
www.routledge.com

Dutch:
A Comprehensive Grammar

Bruce Donaldson

Dutch: A Comprehensive Grammar is a complete reference guide to modern Dutch Grammar, presenting a clear and accessible description of the language.

The volume is organized to promote a thorough understanding of Dutch grammar. It offers a stimulating analysis of the complexities of the language, and provides full and clear explanations. Throughout, the emphasis is on Dutch as used by present-day native speakers.

Features include:

- Detailed treatment of the common grammatical structures and parts of speech
- Extensive exemplification
- Particular attention to areas of confusion and difficulty
- Dutch–English parallels highlighted throughout the book

Bruce Donaldson retired in 2004 from the Department of German and Swedish at the University of Melbourne where he taught Dutch and German for thirty years. His most recent publications are *Colloquial Dutch*, *Colloquial Afrikaans*, *German: An Essential Grammar* and *Mastering German Vocabulary*, all published by Routledge.

978–0–415–15418–5 (hbk)
978–0–415–15419–2 (pbk)